总策划　　郭　宜　黎方银

《大足石刻全集》学术委员会

主　任　　丁明夷
委　员　　丁明夷　马世长　王川平　宁　强　孙　华　杨　泓　李志荣　李崇峰
　　　　　李裕群　李静杰　陈明光　陈悦新　杭　侃　姚崇新　郭相颖　雷玉华
　　　　　霍　巍（以姓氏笔画为序）

《大足石刻全集》编辑委员会

主　任　　王怀龙　黎方银
副主任　　郭　宜　谢晓鹏　刘贤高　郑文武
委　员　　王怀龙　毛世福　邓启兵　刘贤高　米德昉　李小强　周　颖　郑文武
　　　　　郭　宜　黄能迁　谢晓鹏　黎方银（以姓氏笔画为序）
主　编　　黎方银
副主编　　刘贤高　邓启兵　黄能迁　谢晓鹏　郑文武

《大足石刻全集》第三卷编纂工作团队

调查记录　刘贤高　黄能迁　邓启兵　陈　静　郭　静　赵凌飞
现场测绘　刘贤高　毛世福　周　颖　黄能迁　邓启兵　张　强
　　　　　吕　品　陈　杰　潘春香　余倩倩
绘　图　　毛世福　周　颖　陈　杰　潘春香　余倩倩
图版拍摄　郑文武（主机）　郭　宜　周　瑜　吕文成　王　远　张　勖
拓　片　　唐长清　唐毅烈
铭文整理　赵凌飞
资料整理　赵凌飞　张媛媛　未小妹　李朝元
英文翻译　姚淇琳
英文审定　Tom Suchan　唐仲明
报告编写　黎方银　刘贤高　邓启兵　黄能迁
统　稿　　黎方银
审　定　　丁明夷

《大足石刻全集》第三卷编辑工作团队

工作统筹　郭　宜　郑文武
三　审　　廖建明　杨乔之　李盛强
编　辑　　郑文武　夏　添　周　瑜　吕文成　王　远
印前审读　曾祥志
图片制作　郑文武　周　瑜　吕文成　王　远
装帧设计　胡靳一　郑文武
排　版　　何　璐
校　色　　宋晓东　郑文武
校　对　　陈　琨　李春燕　刘小燕　李小君　刘　艳　何建云

总目录

第一卷　　　北山佛湾石窟第1—100号考古报告

第二卷　　　北山佛湾石窟第101—192号考古报告

第三卷　　　北山佛湾石窟第193—290号考古报告

第四卷　　　北山多宝塔考古报告

第五卷　　　石篆山、石门山、南山石窟考古报告

第六卷　　　宝顶山大佛湾石窟第1—14号考古报告

第七卷　　　宝顶山大佛湾石窟第15—32号考古报告

第八卷　　　宝顶山小佛湾及周边石窟考古报告

第九卷　　　大足石刻专论

第十卷　　　大足石刻历史图版

第十一卷　　附录及索引

GENERAL CATALOGUE

Vol. I　　　FOWAN (NOS. 1–100), BEISHAN

Vol. II　　　FOWAN (NOS. 101–192), BEISHAN

Vol. III　　FOWAN (NOS. 193–290), BEISHAN

Vol. IV　　DUOBAO PAGODA, BEISHAN

Vol. V　　　SHIZHUANSHAN, SHIMENSHAN AND NANSHAN

Vol. VI　　DAFOWAN (NOS. 1–14), BAODINGSHAN

Vol. VII　　DAFOWAN (NOS. 15–32), BAODINGSHAN

Vol. VIII　XIAOFOWAN AND SURROUNDING CARVINGS, BAODINGSHAN

Vol. IX　　COLLECTED RESEARCH PAPERS ON THE DAZU ROCK CARVINGS

Vol. X　　　EARLY PHOTOGRAPHS OF THE DAZU ROCK CARVINGS

Vol. XI　　APPENDIX AND INDEX

目 录

I 摄影图版

图版 1	北山佛湾北区石窟北段局部（由南向北）	2
图版 2	北山佛湾北区石窟北段局部（由北向南）	3
图版 3	第 245 号龛南侧	4
图版 4	第 245 号龛北侧	5
图版 5	第 193—236 号	6
图版 6	第 250—280 号	8
图版 7	第 281—284 号	10
图版 8	第 285—290 号	12
图版 9	第 193—205 号	14
图版 10	第 207—214 号	15
图版 11	第 206—236 号	16
图版 12	第 193 号龛外立面	18
图版 13	第 194 号龛外立面	19
图版 14	第 195 号龛外立面	20
图版 15	第 196 号龛外立面	21
图版 16	第 196 号龛左沿外侧浅龛外立面	22
图版 17	第 197 号龛外立面	23
图版 18	第 198 号龛外立面	24
图版 19	第 199 号龛外立面	25
图版 20	第 200 号龛外立面	26
图版 21	第 201 号龛外立面	27
图版 22	第 201 号龛龛外右侧浅龛外立面	28
图版 23	第 202 号龛外立面	29
图版 24	第 203、204 号龛外立面	30
图版 25	第 203 号龛主尊像	31
图版 26	第 204 号龛主尊像	32
图版 27	第 203 号龛龛外左侧方框内造像	33
图版 28	第 204 号龛龛外右侧方框内造像	34
图版 29	第 205 号龛外立面	35
图版 30	第 205 号龛左侧壁	36
图版 31	第 205 号龛右侧壁	36
图版 32	第 206 号龛外立面	37
图版 33	第 207 号龛外立面	38
图版 34	第 208 号龛外立面	40
图版 35	第 209 号龛外立面	41
图版 36	第 209 号龛左武士像	42
图版 37	第 209 号龛右武士像	43
图版 38	第 210 号龛外立面	44
图版 39	第 210 号龛左侍者像	45
图版 40	第 210 号龛右侍者像	46
图版 41	第 211 号龛外立面	47
图版 42	第 211 号龛左立像	48
图版 43	第 212 号龛外立面	49
图版 44	第 212 号龛左侍者像	50
图版 45	第 212 号龛右侍者像	51
图版 46	第 213 号龛外立面	52
图版 47	第 214 号龛外立面	53
图版 48	第 214 号龛左壁供养人像	54
图版 49	第 215 号龛外立面	55
图版 50	第 216 号龛外立面	56
图版 51	第 217 号龛外立面	57
图版 52	第 217 号龛左壁弟子像	58
图版 53	第 217 号龛右沿立像	59
图版 54	第 218 号龛外立面	60
图版 55	第 218 号龛左壁立像	61
图版 56	第 218 号龛右壁立像	62
图版 57	第 219 号龛外立面	63
图版 58	第 220 号龛外立面	64
图版 59	第 220 号龛主尊佛像	66
图版 60	第 221 号龛外立面	67
图版 61	第 221 号龛左沿造像	68
图版 62	第 221 号龛右沿造像	68
图版 63	第 222 号龛外立面	69
图版 64	第 223 号龛外立面	70
图版 65	第 224 号龛外立面	71
图版 66	第 224 号龛左立像	72
图版 67	第 224 号龛右立像	73
图版 68	第 225 号龛外立面	74
图版 69	第 226 号龛外立面	75
图版 70	第 227 号龛外立面	76
图版 71	第 228 号龛外立面	77
图版 72	第 228 号龛右沿供养人像	78
图版 73	第 229 号龛外立面	79
图版 74	第 229-1 号龛外立面	80
图版 75	第 229-1 号龛主尊像	81
图版 76	第 229-1 号龛主尊左侧造像	82
图版 77	第 229-1 号龛主尊右侧造像	83
图版 78	第 230 号龛外立面	84
图版 79	第 230 号龛左菩萨左侧弟子像	85
图版 80	第 230 号龛右菩萨右侧弟子像	86

图版 81	第 230 号龛左沿力士像	87
图版 82	第 230 号龛右沿力士像	88
图版 83	第 231 号龛外立面	89
图版 84	第 231 号龛左菩萨像	90
图版 85	第 231 号龛右菩萨像	91
图版 86	第 232 号龛外立面	92
图版 87	第 232 号龛左立像	93
图版 88	第 232 号龛右立像	94
图版 89	第 232 号龛左沿外侧供养人像	95
图版 90	第 233 号龛外立面	96
图版 91	第 234 号龛外立面	97
图版 92	第 234 号龛左沿中下部供养人像	98
图版 93	第 234 号龛右沿下部供养人像	99
图版 94	第 235 号龛外立面	100
图版 95	第 235 号龛正壁	101
图版 96	第 235 号龛左侧壁上部飞天像	102
图版 97	第 235 号龛左侧壁下部立像	102
图版 98	第 235 号龛右侧壁上部飞天像	103
图版 99	第 235 号龛右侧壁下部立像	104
图版 100	第 236 号龛外立面	105
图版 101	第 206—262 号	106
图版 102	第 237—244 号	108
图版 103	第 237—244 号南侧	109
图版 104	第 246—249 号	110
图版 105	第 246—249 号北侧	111
图版 106	第 237 号龛外立面	112
图版 107	第 238 号龛外立面	113
图版 108	第 238 号龛右壁外侧菩萨像	114
图版 109	第 239 号龛外立面	115
图版 110	第 239 号龛右侧弟子像	116
图版 111	第 240 号龛外立面	117
图版 112	第 240 号龛右主尊菩萨像	118
图版 113	第 240 号龛龛外右侧供养人像	119
图版 114	第 241 号龛外立面	120
图版 115	第 241 号龛左主尊像	121
图版 116	第 242 号龛外立面	122
图版 117	第 243 号龛外立面	123
图版 118	第 243 号龛左侍者像	124
图版 119	第 243 号龛右侍者像	124
图版 120	第 243 号龛龛顶飞天像	125
图版 121	第 244 号龛外立面	125
图版 122	第 244 号龛主尊像	126
图版 123	第 244 号龛龛外左侧供养人像	127
图版 124	第 245 号龛外立面	128
图版 125	第 245 号龛正壁中部	130
图版 126	第 245 号龛正壁中部主尊佛像	132
图版 127	第 245 号龛正壁中部主尊佛像华盖	133
图版 128	第 245 号龛正壁中部左主尊菩萨像	134
图版 129	第 245 号龛正壁中部左主尊菩萨像华盖	135
图版 130	第 245 号龛正壁中部右主尊菩萨像	136
图版 131	第 245 号龛正壁中部右主尊菩萨像华盖	137
图版 132	第 245 号龛正壁中部左侧经幢	138
图版 133	第 245 号龛正壁中部右侧经幢	139
图版 134	第 245 号龛正壁中部左菩萨像与左壁勾栏之间天众像	140
图版 135	第 245 号龛正壁中部佛像与左菩萨像之间天众像	141
图版 136	第 245 号龛正壁中部佛像与右菩萨像之间天众像	142
图版 137	第 245 号龛正壁中部右菩萨像与右壁勾栏之间天众像	143
图版 138	第 245 号龛正壁中下部	144
图版 139	第 245 号龛正壁中下部左侧角台	146
图版 140	第 245 号龛正壁中下部右侧角台	146
图版 141	第 245 号龛正壁中下部基台造像	147
图版 142	第 245 号龛正壁中下部基台前侧及后侧造像	148
图版 143	第 245 号龛正壁中下部左侧踏道下方造像	150
图版 144	第 245 号龛正壁中下部右侧踏道下方造像	151
图版 145	第 245 号龛正壁中下部左侧踏道与角台之间造像	152
图版 146	第 245 号龛正壁中下部右侧踏道与角台之间造像	153
图版 147	第 245 号龛正壁中下部右角台勾栏内造像	154
图版 148	第 245 号龛正壁中下部左角台勾栏内造像	155
图版 149	第 245 号龛正壁中下部右连池造像	156
图版 150	第 245 号龛正壁中下部左连池造像	157
图版 151	第 245 号龛正壁中下部右侧乐台造像	158
图版 152	第 245 号龛正壁中下部左侧乐台造像	159
图版 153	第 245 号龛正壁上部	160
图版 154	第 245 号左侧壁上部	162
图版 155	第 245 号右侧壁上部	163
图版 156	第 245 号龛正壁上部主殿	164
图版 157	第 245 号龛正壁上部右侧经幢	166
图版 158	第 245 号龛正壁上部左侧经幢	167
图版 159	第 245 号龛正壁上部右侧楼阁式塔	168
图版 160	第 245 号龛正壁上部左侧楼阁式塔	169
图版 161	第 245 号龛右侧壁配殿	170
图版 162	第 245 号龛左侧壁配殿	171
图版 163	第 245 号龛右侧壁斜殿	172
图版 164	第 245 号龛左侧壁斜殿	173
图版 165	第 245 号龛右侧壁配殿、斜殿前侧的建筑及造像	174
图版 166	第 245 号龛左侧壁配殿、斜殿前侧的建筑及造像	176
图版 167	第 245 号龛龛顶	178
图版 168	第 245 号龛龛顶莲花	180

图版169	第245号龛龛顶左组乐器	181
图版170	第245号龛龛顶右组乐器	182
图版171	第245号龛龛顶共命鸟	183
图版172	第245号龛右侧壁中下部菩萨像	184
图版173	第245号龛左侧壁中下部菩萨像	185
图版174	第245号龛正壁下部	186
图版175	第245号龛正壁下部左起第1方框	188
图版176	第245号龛正壁下部左起第2方框	189
图版177	第245号龛正壁下部左起第3方框	190
图版178	第245号龛正壁下部左起第4方框	191
图版179	第245号龛正壁下部左起第5方框	192
图版180	第245号龛正壁下部左起第6方框	193
图版181	第245号龛正壁下部左起第7方框	194
图版182	第245号龛正壁下部左起第8方框	195
图版183	第245号龛正壁下部左起第9方框	196
图版184	第245号龛正壁下部左起第10方框	197
图版185	第245号龛正壁下部左起第11方框	198
图版186	第245号龛右沿上起第1方框	199
图版187	第245号龛右沿上起第2方框	200
图版188	第245号龛右沿上起第3方框	201
图版189	第245号龛右沿上起第4方框	202
图版190	第245号龛右沿上起第5方框	203
图版191	第245号龛右沿上起第6方框	204
图版192	第245号龛右沿上起第7方框	205
图版193	第245号龛右沿上起第8方框	206
图版194	第245号龛右沿上起第9方框	207
图版195	第245号龛右沿上起第10方框	208
图版196	第245号龛左沿上起第1方框	209
图版197	第245号龛左沿上起第2方框	210
图版198	第245号龛左沿上起第3方框	211
图版199	第245号龛左沿上起第4方框	212
图版200	第245号龛左沿上起第5方框	213
图版201	第245号龛左沿上起第6方框	214
图版202	第245号龛左沿上起第7方框	215
图版203	第245号龛左沿上起第8方框	216
图版204	第245号龛左沿上起第9方框	217
图版205	第245号龛左沿上起第10方框	218
图版206	第245号龛龛外右侧壁供养人像	219
图版207	第246号龛外立面	220
图版208	第247号龛外立面	221
图版209	第248号龛外立面	222
图版210	第248号龛主尊像	223
图版211	第248号龛左沿供养人像	224
图版212	第248号龛右沿供养人像	224
图版213	第249号龛外立面	225
图版214	第249号龛外左壁立像	226
图版215	第249号龛外右壁立像	226
图版216	第250—284号(由南向北)	227
图版217	第254—268号	228
图版218	第263—280号	230
图版219	第250号龛外立面	232
图版220	第251号龛外立面	233
图版221	第252号龛外立面	234
图版222	第252号龛右沿下部供养人像	235
图版223	第253号龛外立面	236
图版224	第253号龛主尊像	237
图版225	第253号龛华盖	238
图版226	第253号龛左侧壁	240
图版227	第253号龛左侧壁第一组造像	241
图版228	第253号龛左侧壁第二组造像	242
图版229	第253号龛左侧壁第三组造像	243
图版230	第253号龛左侧壁第四组造像	244
图版231	第253号龛左侧壁第五组造像	245
图版232	第253号龛左侧壁第六组造像	246
图版233	第253号龛右侧壁	247
图版234	第253号龛右侧壁第一组造像	248
图版235	第253号龛右侧壁第二组造像	249
图版236	第253号龛右侧壁第三组造像	250
图版237	第253号龛右侧壁第四组造像	251
图版238	第253号龛右侧壁第五组造像	252
图版239	第253号龛右侧壁第六组造像	253
图版240	第254号龛外立面	254
图版241	第254号龛正壁中佛像	255
图版242	第254号龛正壁左胁菩萨像	256
图版243	第254号龛正壁右胁菩萨像	257
图版244	第254号龛左侧壁	258
图版245	第254号龛右侧壁	259
图版246	第254号龛左侧壁上方云朵造像	260
图版247	第254号龛右侧壁上方云朵造像	261
图版248	第254号龛左侧壁下方云朵造像	262
图版249	第254号龛右侧壁下方云朵造像	263
图版250	第254号龛龛顶	264
图版251	第254号龛右沿供养人像	266
图版252	第255号龛外立面	267
图版253	第255号龛主尊佛像	268
图版254	第255号龛主尊左侧菩萨像	269
图版255	第255号龛主尊右侧菩萨像	270
图版256	第255号龛左侧壁菩萨像	271

图版257	第255号龛右侧壁菩萨像	272
图版258	第255号龛龛底低坛神将像	273
图版259	第255号龛龛外左壁浅龛供养人像	274
图版260	第255号龛龛外右壁浅龛供养人像	275
图版261	第256号龛外立面	276
图版262	第256号龛正壁主尊佛像	277
图版263	第256号龛主尊左侧菩萨像	278
图版264	第256号龛主尊右侧菩萨像	279
图版265	第256号龛左侧壁菩萨像	280
图版266	第256号龛右侧壁菩萨像	281
图版267	第256号龛龛底低坛神将像	282
图版268	第256号龛龛顶	282
图版269	第256号龛龛外右侧浅龛造像	283
图版270	第257号龛外立面	284
图版271	第258号龛外立面	285
图版272	第259号龛外立面	286
图版273	第259号龛左下供养人像	287
图版274	第259号龛右下供养人像	287
图版275	第260、262、266号龛外立面	288
图版276	第260号龛外立面	290
图版277	第260号龛左侧壁上部造像	291
图版278	第262号龛外立面	292
图版279	第262号龛左侧壁上部造像	293
图版280	第262号龛右侧壁上部造像	294
图版281	第266号龛外立面	295
图版282	第261号龛外立面	296
图版283	第263号龛外立面	297
图版284	第264号龛外立面	298
图版285	第265号龛外立面	299
图版286	第267号龛外立面	300
图版287	第267号龛龛外左侧壁造像	301
图版288	第268、272号龛外立面	302
图版289	第268号龛外立面	304
图版290	第272号龛外立面	305
图版291	第269、270号龛外立面	306
图版292	第269号龛外立面	308
图版293	第269号龛左侧壁造像	309
图版294	第270号龛外立面	310
图版295	第270号龛左壁菩萨像	311
图版296	第270号龛右壁菩萨像	312
图版297	第270号龛龛顶	313
图版298	第269号龛龛外左侧浅龛造像	314
图版299	第270号龛龛外右侧浅龛造像	315
图版300	第271号龛外立面	316
图版301	第271号龛左侧壁造像	317
图版302	第271号龛右侧壁造像	318
图版303	第273号龛外立面	319
图版304	第273号龛主尊菩萨像	320
图版305	第273号龛左侧壁立像	321
图版306	第273号龛右侧壁立像	322
图版307	第273号龛龛顶	323
图版308	第273号龛上沿佛像	323
图版309	第273号龛龛外左侧壁浅龛造像	324
图版310	第273号龛龛外右侧壁浅龛造像	325
图版311	第274号龛外立面	326
图版312	第274号龛左侧壁造像	327
图版313	第274号龛右侧壁造像	328
图版314	第275号龛外立面	329
图版315	第276号龛外立面	330
图版316	第276号龛右沿外侧上方浅龛造像	331
图版317	第277号龛外立面	332
图版318	第278号龛外立面	333
图版319	第278号龛左侧壁	334
图版320	第278号龛右侧壁	335
图版321	第279号龛外立面	336
图版322	第279号龛左内龛正壁	338
图版323	第279号龛左内龛左侧壁造像	340
图版324	第279号龛左内龛右侧壁造像	341
图版325	第279号龛左内龛龛底低坛神将像	342
图版326	第279号龛左内龛龛顶	344
图版327	第279号龛右内龛	346
图版328	第279号龛右内龛左侧壁造像	347
图版329	第279号龛右内龛右侧壁造像	348
图版330	第279号龛外层龛与左内龛之间壁面造像	349
图版331	第279号龛外层龛右沿内侧壁造像	350
图版332	第279号龛龛外左侧壁浅龛造像	350
图版333	第280号龛外立面	351
图版334	第281号龛外立面	352
图版335	第281号龛左内龛	354
图版336	第281号龛左内龛左侧壁造像	355
图版337	第281号龛左内龛右侧壁造像	356
图版338	第281号龛右内龛主尊佛像	357
图版339	第281号龛右内龛主尊左侧菩萨像	358
图版340	第281号龛右内龛主尊右侧菩萨像	359
图版341	第281号龛右内龛左侧壁菩萨像	360
图版342	第281号龛右内龛右侧壁菩萨像	361
图版343	第281号龛右内龛龛底低坛神将像	362
图版344	第281号龛右内龛龛顶	364

图版345	第281号龛外层龛与左内龛之间壁面造像	366
图版346	第281号龛外层龛与左内龛之间壁面第二组造像	367
图版347	第281号龛外层龛与左内龛之间壁面第三组造像	368
图版348	第281号龛外层龛右沿内侧浅龛造像	369
图版349	第281号龛龛外左侧浅龛造像	369
图版350	第282号龛外立面	370
图版351	第283号龛外立面	371
图版352	第284号龛外立面	372
图版353	第285号龛外立面	373
图版354	第286号龛外立面	374
图版355	第286号龛左侍者像	375
图版356	第286号龛右侍者像	376
图版357	第286号龛左上飞天像	377
图版358	第286号龛右上飞天像	377
图版359	第287号龛外立面	378
图版360	第288号龛外立面	379
图版361	第288号龛左侧壁	380
图版362	第288号龛右侧壁	381
图版363	第288号龛左侧壁上部圆龛造像	382
图版364	第288号龛右侧壁上部圆龛造像	383
图版365	第288号龛龛顶	384
图版366	第288号龛龛底	386
图版367	第289号龛外立面	388
图版368	第289号龛主尊像	389
图版369	第289号龛左侍女像	390
图版370	第289号龛右侍女像	391
图版371	第290号龛外立面	392
图版372	第290号龛上部线刻半身像	394

II 铭文图版

图版1	第209号龛佚名造解冤结菩萨龛题记	396
图版2	第240号龛惠志造观音龛镌记	397
图版3	第243号龛骞知进造二手观音龛镌记	398
图版4	第244号龛佚名造观音地藏龛残记	399
图版5	第245号龛刘净意造观经变相镌记	400
图版6	第245号龛僧元亮偈赞题刻	400
图版7	第247号龛张文信画妆观音龛镌记	401
图版8	第249号龛龛外左侧壁佚名造观音地藏龛题刻	402
图版9	第249号龛龛外右侧壁李氏九娘子妆绚观音地藏龛镌记	403
图版10	第252号龛龛外右侧佚名造菩萨龛残记	404
图版11	第253号龛左侧壁"示广王"题记	405
图版12	第253号龛左侧壁"五官王"题记	405
图版13	第253号龛左侧壁"转轮王"题记	406
图版14	第253号龛左侧壁"太山大王"题记	406
图版15	第253号龛左侧壁"□□王"题记	407
图版16	第253号龛龛外左侧陈绍珣妆绘观音地藏龛镌记	407
图版17	第253号龛龛外左侧下方造像残记	408
图版18	第254号龛"延平判官"题记	409
图版19	第254号龛"□□判官"题记	409
图版20	第254号龛"崔判官"题记	410
图版21	第254号龛"赵判官"题记	410
图版22	第255号龛龛外左侧佚名造药师净土变相残记	411
图版23	第255号龛龛外右侧解氏造像残记	412
图版24	第260号龛佛顶尊胜陀罗尼经	414
图版25	第269号龛佛顶尊胜陀罗尼经	416
图版26	第271号龛佛顶尊胜陀罗尼经	418
图版27	第279号龛佛顶尊胜陀罗尼经	420
图版28	第279号龛左、右内龛之间王承秀造药师变镌记	422
图版29	第279号龛右内龛下部解氏妆銮尊胜幢镌记	423
图版30	第280号龛外壁整面佚名残镌记	424
图版31	第281号龛左内龛佛顶尊胜陀罗尼经	426
图版32	第281号龛右内龛左侧壁刘恭造药师经变龛镌记	428
图版33	第281号龛左内龛右侧壁胡承妆绘药师经变龛镌记	429
图版34	第286号龛佚名造观音龛镌记	430
图版35	第287号龛上方口部佚名残镌记	431
图版36	第288号龛口上方"大明蜀总制林公之像"题刻	432
图版37	第288号龛口右侧上方马道者造阿弥陀佛龛镌记	433
图版38	第288号龛右侧壁浅龛左沿李季升题刻	434
图版39	第288号龛右侧壁浅龛右沿"季立父"题刻	435
图版40	第289号龛龛外左吕元锡等游北山题记	436
图版41	第289号龛左侧壁王季立观吕元锡字题记	437
图版42	第290号范府书林俊诗并跋	438

Ⅰ 摄影图版

图版 1　北山佛湾北区石窟北段局部（由南向北）

图版 2　北山佛湾北区石窟北段局部（由北向南）

图版3　第245号龛南侧

图版 4　第 245 号龛北侧

图版 5　第 193—236 号

图版 6　第 250—280 号

图版 7　第 281—284 号

图版 8　第 285—290 号

图版9　第193—205号

图版 10　第 207—214 号

图版 11　第 206—236 号

图版 12　第 193 号龛外立面

图版 13　第 194 号龛外立面

图版 14　第 195 号龛外立面

图版 15　第 196 号龛外立面

图版 16　第 196 号龛左沿外侧浅龛外立面

图版 17　第 197 号龛外立面

图版 18　第 198 号龛外立面

图版 19　第 199 号龛外立面

图版 20　第 200 号龛外立面

图版 21　第 201 号龛外立面

图版 22　第 201 号龛龛外右侧浅龛外立面

图版 23　第 202 号龛外立面

图版 24　第 203、204 号龛外立面

图版 25　第 203 号龛主尊像

图版 26　第 204 号龛主尊像

图版 27　第 203 号龛龛外左侧方框内造像

图版 28　第 204 号龛龛外右侧方框内造像

图版 29　第 205 号龛外立面

图版 30　第 205 号龛左侧壁 　　　　　　　　　　　　　　　　　　　　图版 31　第 205 号龛右侧壁

图版 32　第 206 号龛外立面

图版 33　第 207 号龛外立面

图版 34　第 208 号龛外立面

图版 35　第 209 号龛外立面

图版 36　第 209 号龛左武士像

图版 37　第 209 号龛右武士像

图版 38　第 210 号龛外立面

图版 39　第 210 号龛左侍者像

图版 40　第 210 号龛右侍者像

图版41 第211号龛外立面

图版42　第211号龛左立像

图版 43　第 212 号龛外立面

图版 44　第 212 号龛左侍者像

图版 45　第 212 号龛右侍者像

图版46 第213号龛外立面

图版 47　第 214 号龛外立面

图版 48　第 214 号龛左壁供养人像

图版 49　第 215 号龛外立面

图版 50　第 216 号龛外立面

图版 51　第 217 号龛外立面

图版 52　第 217 号龛左壁弟子像

图版53　第217号龛右沿立像

图版 54　第 218 号龛外立面

图版 55　第 218 号龛左壁立像

图版56 第218号龛右壁立像

图版 57　第 219 号龛外立面

图版 58　第 220 号龛外立面

图版 59　第 220 号龛主尊佛像

图版 60　第 221 号龛外立面

图版 61　第 221 号龛左沿造像 　　　　　　　　　　　　　　图版 62　第 221 号龛右沿造像

图版 63　第 222 号龛外立面

图版 64　第 223 号龛外立面

图版 65　第 224 号龛外立面

图版 66　第 224 号龛左立像

图版 67　第 224 号龛右立像

图版 68　第 225 号龛外立面

图版 69　第 226 号龛外立面

图版 70　第 227 号龛外立面

图版 71　第 228 号龛外立面

图版 72　第 228 号龛右沿供养人像

图版 73　第 229 号龛外立面

图版 74　第 229-1 号龛外立面

图版 75　第 229-1 号龛主尊像

图版 76　第 229-1 号龛主尊左侧造像

图版 77　第 229-1 号龛主尊右侧造像

图版78　第230号龛外立面

图版 79　第 230 号龛左菩萨左侧弟子像

图版 80　第 230 号龛右菩萨右侧弟子像

图版 81　第 230 号龛左沿力士像

图版 82　第 230 号龛右沿力士像

图版 83　第 231 号龛外立面

图版 84　第 231 号龛左菩萨像

图版 85　第 231 号龛右菩萨像

图版 86　第 232 号龛外立面

图版 87　第 232 号龛左立像

图版 88　第 232 号龛右立像

图版 89　第 232 号龛左沿外侧供养人像

图版 90　第 233 号龛外立面

图版 91 第 234 号龛外立面

图版 92　第 234 号龛左沿中下部供养人像

图版93　第234号龛右沿下部供养人像

图版 94　第 235 号龛外立面

图版 95　第 235 号龛正壁

图版 96　第 235 号龛左侧壁上部飞天像　　　　　　　　　图版 97　第 235 号龛左侧壁下部立像

图版 98　第 235 号龛右侧壁上部飞天像

图版 99　第 235 号龛右侧壁下部立像

图版 100　第 236 号龛外立面

图版101　第206—262号

图版102 第237—244号

图版 103　第 237—244 号南侧

图版 104　第 246—249 号

图版 105　第 246—249 号北侧

图版 106　第 237 号龛外立面

图版 107　第 238 号龛外立面

图版 108　第 238 号龛右壁外侧菩萨像

图版 109　第 239 号龛外立面

图版 110　第 239 号龛右侧弟子像

图版 111　第 240 号龛外立面

图版 112　第 240 号龛右主尊菩萨像

图版 113　第 240 号龛龛外石侧供养人像

图版114　第241号龛外立面

图版115　第241号龛左主尊像

图版 116　第 242 号龛外立面

图版117　第243号龛外立面

图版 118　第 243 号龛左侍者像 　　　　　　　　　　　　　　　图版 119　第 243 号龛右侍者像

图版 120　第 243 号龛龛顶飞天像

图版 121　第 244 号龛外立面

图版 122　第 244 号龛主尊像

图版 123　第 244 号龛龛外左侧供养人像

图版 124 第 245 号龛外立面

图版 125　第 245 号龛正壁中部

图版 126　第 245 号龛正壁中部主尊佛像

图版 127　第 245 号龛正壁中部主尊佛像华盖

图版128 第245号龛正壁中部左主尊菩萨像

图版129　第245号龛正壁中部左主尊菩萨像华盖

图版 130 第 245 号龛正壁中部右主尊菩萨像

图版 131　第 245 号龛正壁中部石主尊菩萨像华盖

图版 132　第 245 号龛正壁中部左侧经幢

图版133　第245号龛正壁中部右侧经幢

图版 134　第 245 号龛正壁中部左菩萨像与左壁勾栏之间天众像

图版135　第245号龛正壁中部佛像与左菩萨像之间天众像

图版 136　第 245 号龛正壁中部佛像与右菩萨像之间天众像

图版 137　第 245 号龛正壁中部右菩萨像与右壁勾栏之间天众像

图版 138　第 245 号龛正壁中下部

图版 139　第 245 号龛正壁中下部左侧角台　　　　　　　　　　　图版 140　第 245 号龛正壁中下部右侧角台

图版 二41　第 245 号龛正壁中下部基台造像

图版 142　第 245 号龛正壁中下部基台前侧及后侧造像

Ⅰ 摄影图版 149

图版 143　第 245 号龛正壁中下部左侧踏道下方造像

图版 144　第 245 号龛正壁中下部右侧踏道下方造像

图版 145　第 245 号龛正壁中下部左侧踏道与角台之间造像

图版 146　第 245 号龛正壁中下部右侧踏道与角台之间造像

图版 147　第 245 号龛正壁中下部右角台勾栏内造像

图版148　第245号龛正壁中下部左角台勾栏为造像

图版149　第245号龛正壁中下部石莲池造像

图版150　第245号龛正壁中下部左莲池造像

图版 151　第 245 号龛正壁中下部右侧乐台造像

图版 152　第 245 号龛正壁中下部左侧乐台造像

图版153 第245号龛正壁上部

图版 154　第 245 号龛左侧壁上部

图版155　第245号龛右侧壁上部

图版 156　第 245 号龛正壁上部主殿

图版 157　第 245 号龛正壁上部右侧经幢

图版158 第245号龛正壁上部左侧经幢

图版 159 第 245 号龛正壁上部右侧楼阁式塔

图版 160　第 245 号龛正壁上部左侧楼阁式塔

图版 161 第 245 号龛右侧壁配殿

图版162　第245号龛左侧壁配殿

图版163　第245号龛右侧壁斜殿

图版 164　第 245 号龛左侧壁斜殿

图版 165　第 245 号龛右侧壁配殿、斜殿前侧的建筑及造像

I 摄影图版 175

图版 166　第 245 号龛左侧壁配殿、斜殿前侧的建筑及造像

图版 167　第 245 号龛龛顶

Ⅰ 摄影图版　179

图版 168　第 245 号龛龛顶莲花

图版 169 第 245 号竃竃顶左组乐器

图版 170　第 245 号龛龛顶右组乐器

图版 171　第 245 号龛龛顶共命鸟

图版 172　第 245 号龛石侧壁中下部菩萨像

图版 173　第 245 号龛左侧壁中下部菩萨像

图版 174　第 245 号龛正壁下部

Ⅰ 摄影图版 187

图版 175　第 245 号龛正壁下部左起第 1 方框

图版 176　第 245 号龛正壁下部左起第 2 方框

图版177　第245号龛正壁下部左起第3方框

图版 178　第 245 号龛正壁下部左起第 4 方框

图版 179　第 245 号龛正壁下部左起第 5 方框

图版 180　第 245 号龛正壁下部左起第 6 方框

图版 181　第 245 号龛正壁下部左起第 7 方框

图版 182　第 245 号龛正壁下部左起第 8 方框

图版 183　第 245 号龛正壁下部左起第 9 方框

图版 184　第 245 号龛正壁下部左起第 1C 方框

图版 185　第 245 号龛正壁下部左起第 11 方框

图版 186　第 245 号龛右沿上起第 1 方框

图版187 第245号龛右沿上起第2方框

图版 188　第 245 号龛右沿上起第 3 方框

图版 189　第 245 号龛右沿上起第 4 方框

图版 190　第 245 号龛右沿上起第 5 方框

图版191　第245号龛右沿上起第6方框

图版 192　第 245 号龛右沿上起第 7 方框

图版193　第245号龛右沿上起第8方框

图版 194　第 245 号龛右沿上起第 9 方框

图版195　第245号龛石沿上起第10方框

图版196　第245号龛左沿上起第1方龛

图版 197　第 245 号龛左沿上起第 2 方框

图版 198　第 245 号龛左沿上起第 3 方框

图版 199　第 245 号龛左沿上起第 4 方框

图版 2C0　第 245 号龛左沿上起第 5 方框

图版 201　第 245 号龛左沿上起第 6 方框

图版202　第245号龛左沿上起第7万框

图版 203　第 245 号龛左沿上起第 8 方框

图版 204　第 245 号龛左沿上起第 9 万框

图版 205　第 245 号龛左沿上起第 10 方框

图版 206　第 245 号龛龛外右侧壁供养人像

图版 207　第 246 号龛外立面

图版 208　第 247 号龛外立面

图版 209　第 248 号龛外立面

图版 210　第 248 号龛主尊像

图版 211　第 248 号龛左沿供养人像　　　　　　　　　　　　　　　图版 212　第 248 号龛右沿供养人像

图版213　第249号龛外立面

图版 214　第 249 号龛龛外左壁立像

图版 215　第 249 号龛龛外右壁立像

图版 216　第 250—284 号（由南向北）

图版217　第254—268号

图版218　第263—280号

图版 219　第 250 号龛外立面

图版 220　第 251 号龛外立面

图版 221　第 252 号龛外立面

图版 222　第 252 号龛右沿下部供养人像

图版 223　第 253 号龛外立面

图版 224　第 253 号龛主尊像

图版 225　第 253 号龛华盖

图版 226　第 253 号龛左侧壁

图版 227　第 253 号龛左侧壁第一组造像

图版 228　第 253 号龛左侧壁第二组造像

图版 229　第 253 号龛左侧壁第三组造像

图版230 第253号龛左侧壁第四组造像

图版 231　第 253 号龛左侧壁第五组造像

图版 232　第 253 号龛左侧壁第六组造像

图版233　第253号龛右侧壁

图版 234 第 253 号龛右侧壁第一组造像

图版 235　第 253 号龛右侧壁第二组造像

图版 236　第 253 号龛右侧壁第三组造像

图版 237　第 253 号龛右侧壁第四组造像

图版 238　第 253 号龛右侧壁第五组造像

图版239　第253号龛右侧壁第六组造像

图版 240　第 254 号龛外立面

图版 241　第 254 号龛正壁中佛象

图版 242　第 254 号龛正壁左胁菩萨像

图版243　第254号龛正壁右胁菩萨像

图版 244　第 254 号龛左侧壁

图版245　第254号龛右侧壁

图版 246　第 254 号龛左侧壁上方云朵造像

图版247　第254号龛右侧壁上方云朵造象

图版 248　第 254 号龛左侧壁下方云朵造像

图版 249　第 254 号龛右侧壁下方云朵造像

图版 250　第 254 号龛龛顶

图版 251　第 254 号龛右沿供养人像

图版 252　第 255 号龛外立面

图版253　第255号龛主尊佛像

图版 254　第 255 号龛主尊左侧菩萨像

图版 255　第 255 号龛主尊右侧菩萨像

图版 256　第 255 号龛左侧壁菩萨像

图版 257　第 255 号龛右侧壁菩萨像

图版258　第255号龛龛底低坛神将像

图版 259 第 255 号龛龛外左壁浅龛供养人像

图版 260　第 255 号龛龛外右壁浅龛供养人像

图版 261　第 256 号龛外立面

图版 262　第 256 号龛正壁主尊佛像

图版 263　第 256 号龛主尊左侧菩萨像

图版 264　第 256 号龛主尊右侧菩萨像

图版 265　第 256 号龛左侧壁菩萨像

图版266　第256号龛右侧壁菩萨像

图版 267　第 256 号龛龛底低坛神将像

图版 268　第 256 号龛龛顶

图版 269　第 256 号龛龛外右侧浅龛造像

图版 270　第 257 号龛外立面

图版 271　第 258 号龛外立面

图版 272　第 259 号龛外立面

图版273　第259号龛左下供养人像　　　　　　　　　　图版274　第259号龛右下供养人像

Ⅰ 摄影图版　287

图版 275　第 260、262、266 号龛外立面

图版 276　第 260 号龛外立面

图版 277　第 260 号龛左侧壁上部造像

图版 278　第 262 号龛外立面

图版 279　第 262 号龛左侧壁上部造像

图版 280　第 262 号龛右侧壁上部造像

图版281　第266号龛外立面

图版 282　第 261 号龛外立面

图版 283　第 263 号龛外立面

图版 284　第 264 号龛外立面

图版 285　第 265 号龛外立面

图版 286　第 267 号龛外立面

图版287　第267号龛龛外左侧壁造像

图版288　第268、272号龛外立面

图版 289　第 268 号龛外立面

图版 290　第 272 号龛外立面

图版 291　第 269、270 号龛外立面

图版 292　第 269 号龛外立面

图版 293　第 269 号龛左侧壁造像

图版 294　第 270 号龛外立面

图版 295　第 270 号龛左壁菩萨像

图版 296　第 270 号龛右壁菩萨像

图版 297　第 270 号龛龛顶

图版 298　第 269 号龛龛外左侧浅龛造像

图版 299　第 270 号龛龛外右侧浅龛造像

图版 300　第 271 号龛外立面

图版 301　第 271 号龛左侧壁造像

图版 302　第 271 号龛右侧壁造像

图版 303　第 273 号龛外立面

图版 304　第 273 号龛主尊菩萨像

图版 305　第 273 号龛左侧壁立像

图版 306　第 273 号龛右侧壁立像

图版 307　第 273 号龛龛顶

图版 308　第 273 号龛上沿佛像

图版 309　第 273 号龛龛外左侧壁浅龛造像

图版 310　第 273 号龛龛外右侧壁浅龛造像

图版 311　第 274 号龛外立面

图版 312　第 274 号龛左侧壁造像

图版 313 第 274 号龛右侧壁造像

图版314　第275号龛外立面

图版 315　第 276 号龛外立面

图版 316　第 276 号龛右沿外侧上方浅龛造像

图版 317 第 277 号龛外立面

图版318　第278号龛外立面

图版 319　第 278 号龛左侧壁

图版 320　第 278 号龛右侧壁

图版 321　第 279 号龛外立面

图版 322　第 279 号龛左内龛正壁

图版 323　第 279 号龛左内龛左侧壁造像

图版 324　第 279 号龛左内龛右侧壁造像

图版 325　第 279 号龛左内龛龛底低坛神将像

图版 326　第 279 号龛左内龛龛顶

图版 327　第 279 号龛右内龛

图版 328　第 279 号龛右内龛左侧壁造像

图版 329　第 279 号龛石内龛右侧壁造像

图版 330　第 279 号龛外层龛与左内龛之间壁面造像

图版 331　第 279 号龛外层龛右沿内侧壁造像

图版 332　第 279 号龛龛外左侧壁浅龛造像

图版333 第280号龛外立面

图版 334　第 281 号龛外立面

图版 335　第 281 号龛左内龛

图版336　第281号龛左内龛左侧壁造像

图版337 第281号龛左内龛右侧壁造像

图版 338　第 281 号龛石内龛主尊佛像

图版339 第281号龛石内龛主尊左侧菩萨像

图版340　第281号龛石内龛主尊右侧菩萨像

图版 341　第 281 号龛石内龛左侧壁菩萨像

图版342　第281号龛右内龛右侧壁菩萨像

图版 343 第 281 号龛右内龛龛底低坛神将像

图版 344　第 281 号龛右内龛龛顶

图版 345　第 281 号龛外层龛与左内龛之间壁面造像

图版 346　第 281 号龛外层龛与左内龛之间壁面第二组造像

图版 347　第 281 号龛外层龛与左内龛之间壁面第三组造像

图版 348　第 282 号龛外层龛右沿内侧浅龛造像　　　　图版 349　第 281 号龛龛外左侧浅龛造像

图版 350　第 282 号龛外立面

图版 351　第 283 号龛外立面

图版352　第284号龛外立面

图版 353　第 285 号龛外立面

图版 354　第 286 号龛外立面

图版 355　第 286 号龛左侍者像

图版356　第286号龛右侍者像

图版 357　第 286 号龛左上飞天像

图版 358　第 286 号龛右上飞天像

图版 359　第 287 号龛外立面

图版 360　第 288 号龛外立面

图版361　第288号龛左侧壁

图版 362　第 288 号龛右侧壁

图版 363　第 288 号龛左侧壁上部圆龛造像

图版 364　第 288 号龛右侧壁上部圆龛造像

图版 365　第 288 号龛龛顶

图版 366 第 288 号龛龛底

图版 367　第 289 号龛外立面

图版 368　第 289 号龛主尊像

图版 369　第 289 号龛左侍女像

图版370 第289号龛右侍女像

图版 371　第 290 号龛外立面

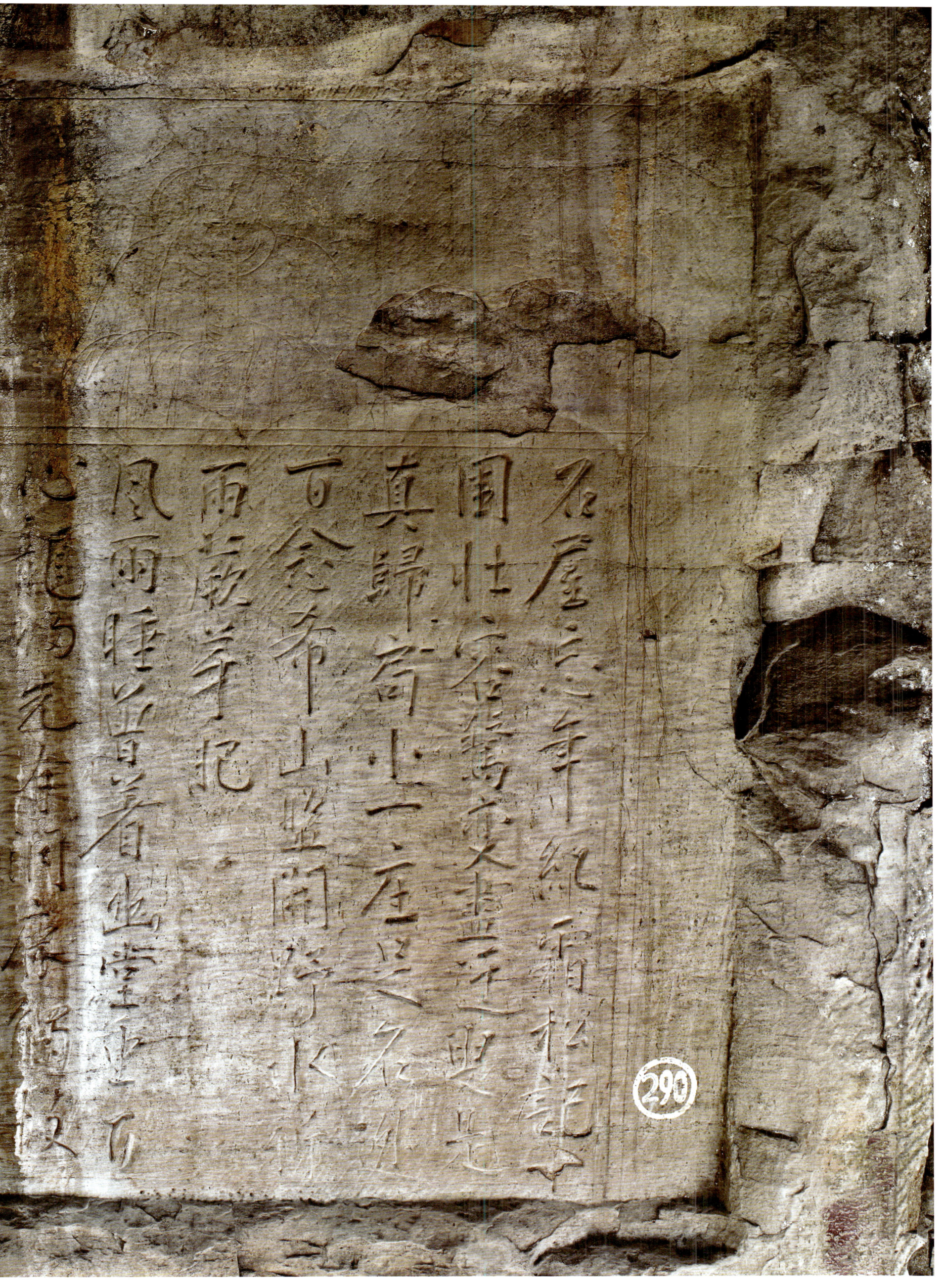

图版 372　第 290 号龛上部线刻半身像

II 铭文图版

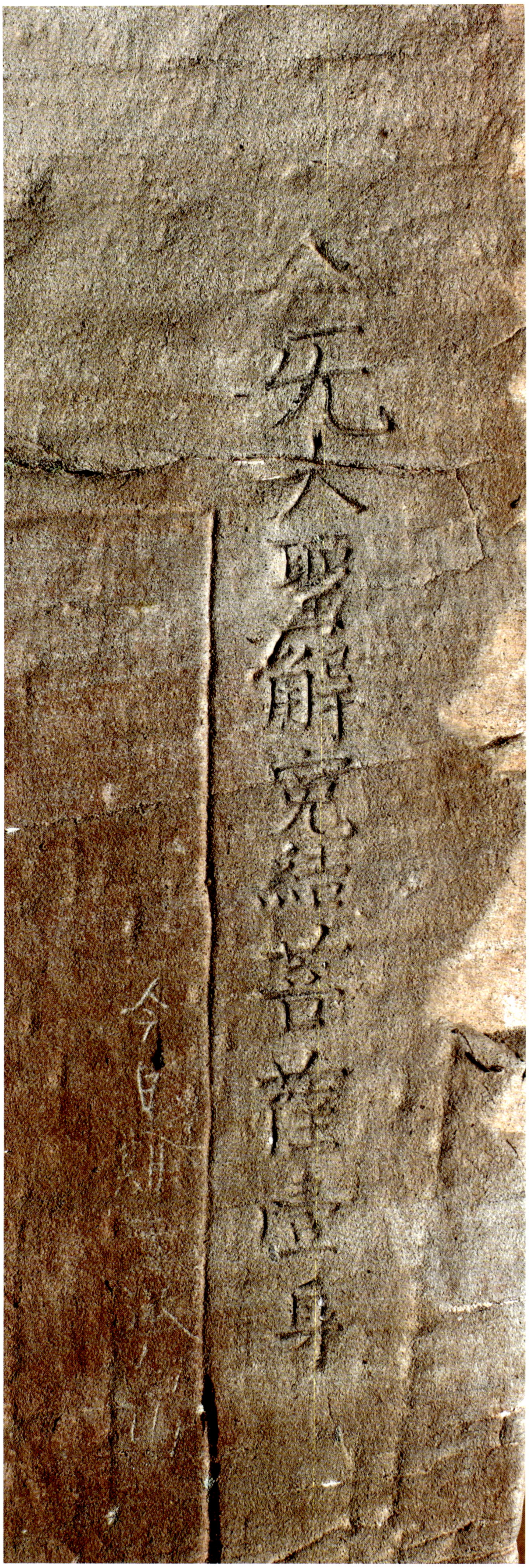

图版 1　第 209 号龛佚名造解冤结菩萨龛题记

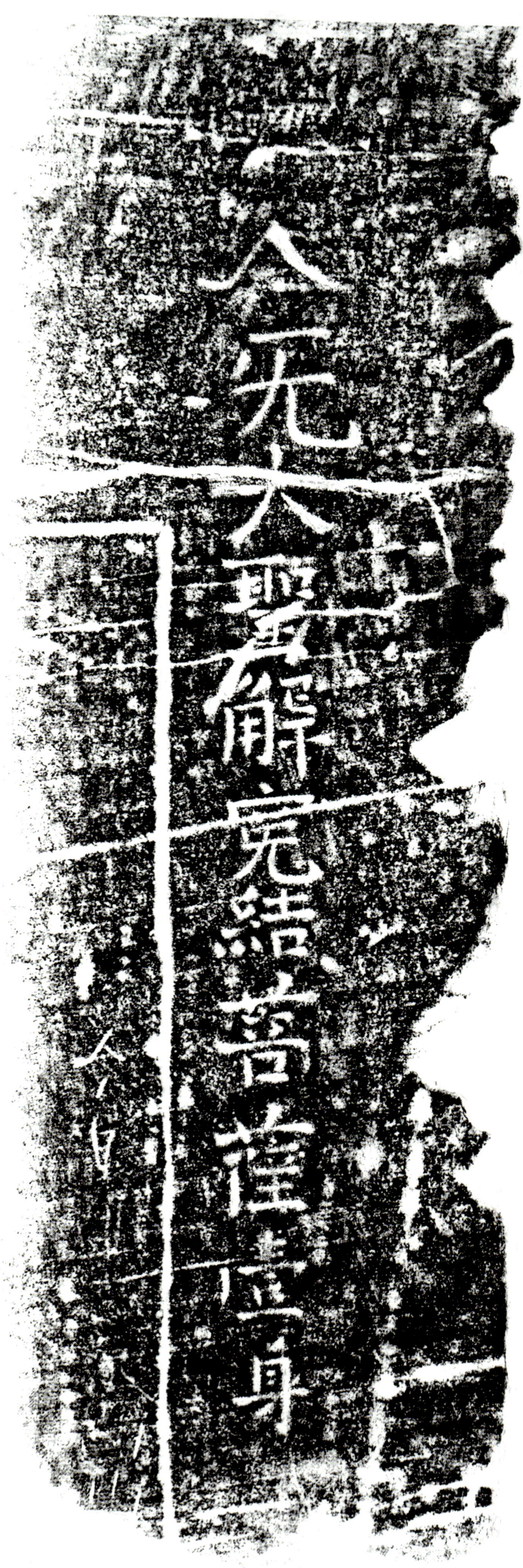

图版 1　第 209 号龛佚名造解冤结菩萨龛题记

图版 2　第240号龛惠志造观音龛镌记

图版 2　第240号龛惠志造观音龛镌记

图版 3　第 243 号龛塞知进造千手观音龛镌记　　　　　　图版 3　第 243 号龛塞知进造千手观音龛镌记

图版 4　第 244 号龛佚名造观音地藏龛残记

图版 4　第 244 号龛佚名造观音地藏龛残记

10　09　08　07　06　05　04　03　02　01

图版 5　第 245 号龛刘净意造观经变相镌记

10　09　08　07　06　05　04　03　02　01

图版 5　第 245 号龛刘净意造观经变相镌记

图版 6　第 245 号龛僧元亮偈赞题刻

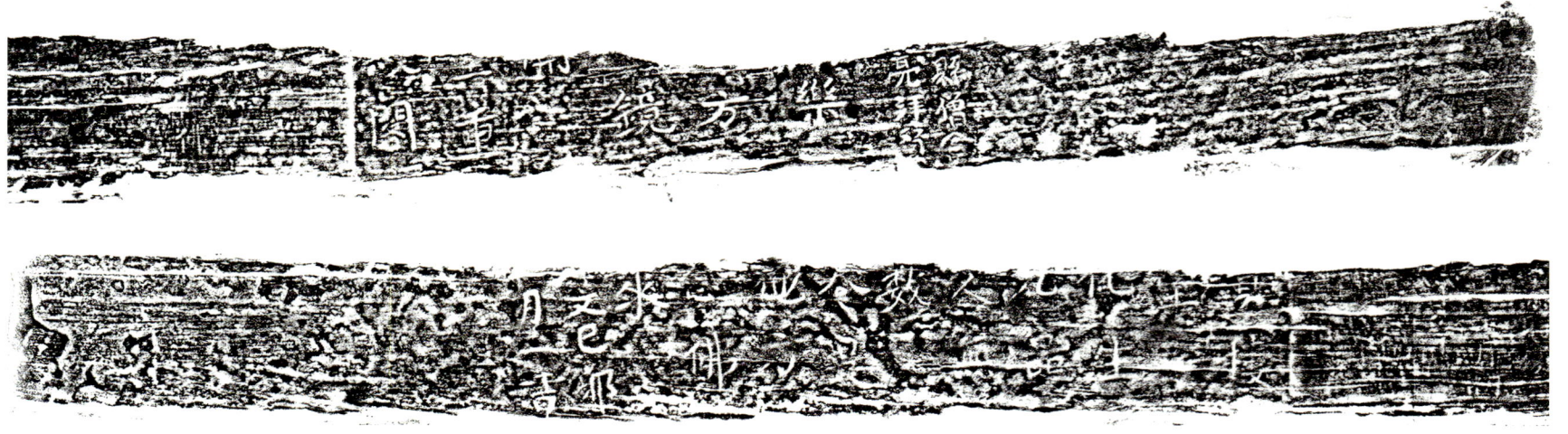

图版 6　第 245 号龛僧元亮偈赞题刻

图版 7　第 247 号龛张文信画妆观音龛镌记

图版 7　第 247 号龛张文信画妆观音龛镌记

图版 8　第 249 号龛龛外左侧壁佚名造观音地藏龛题刻

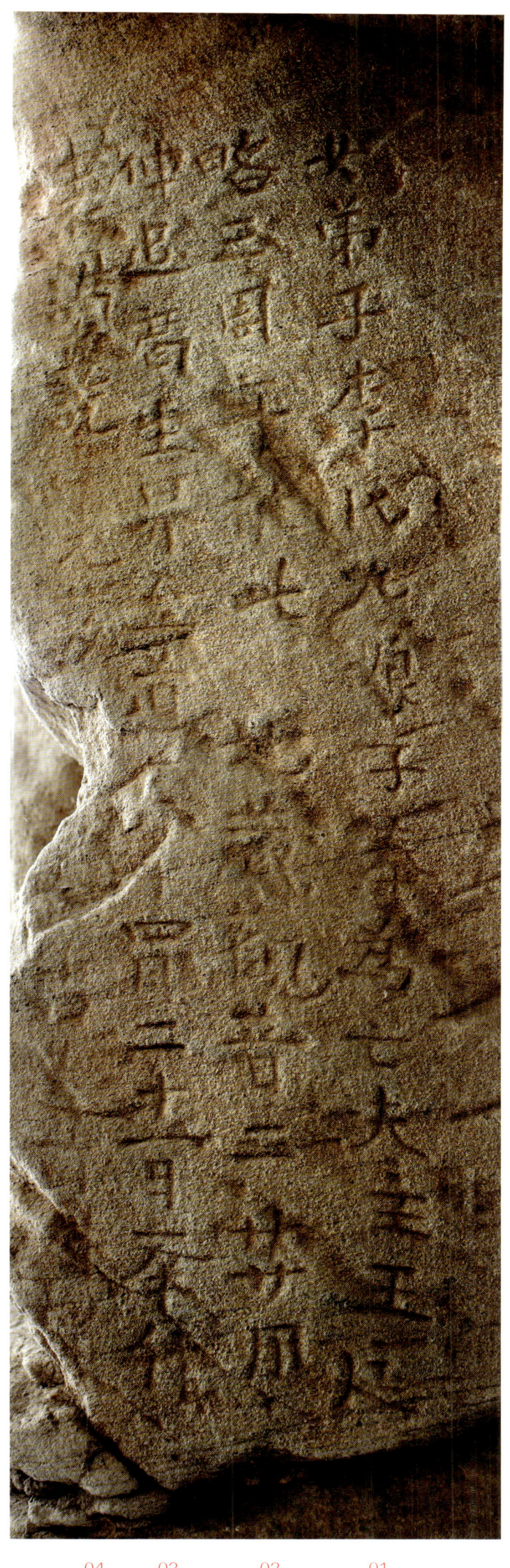

图版9　第249号龛龛外右侧壁李氏九娘子妆绚观音地藏龛镌记

01　　　　　02　　　　　03

图版 10　第 252 号龛龛外右侧佚名造菩萨龛残记

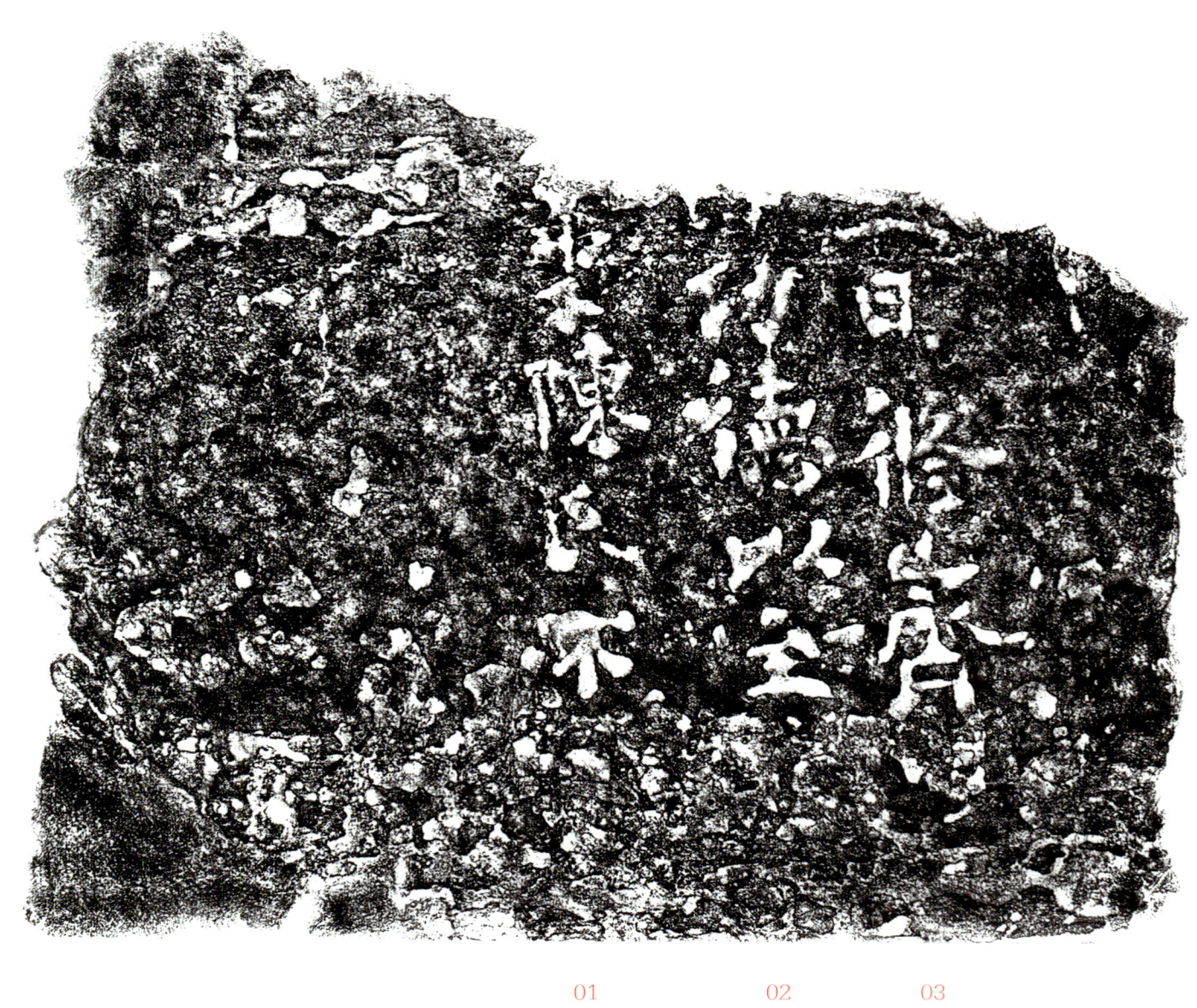

01　　　　　02　　　　　03

图版 10　第 252 号龛龛外右侧佚名造菩萨龛残记

图版 11　第 253 号龛左侧壁 "示广王" 题记

图版 12　第 253 号龛左侧壁 "五官王" 题记

图版 13　第 253 号龛左侧壁"转轮王"题记

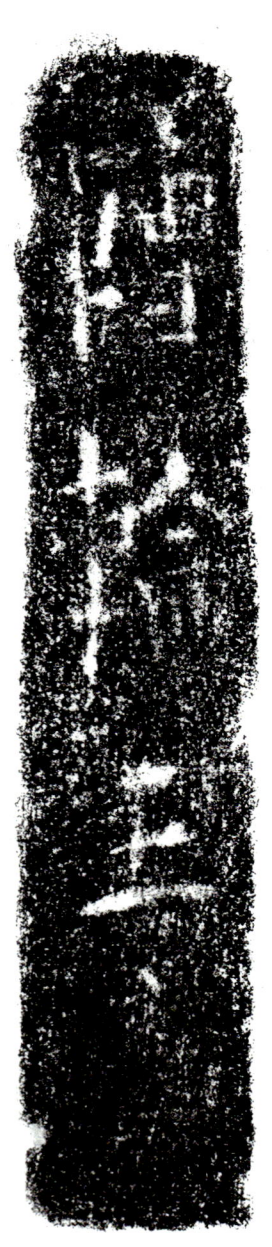

图版 13　第 253 号龛左侧壁"转轮王"题记

图版 14　第 253 号龛左侧壁"太山大王"题记

图版 14　第 253 号龛左侧壁"太山大王"题记

图版 15　第 253 号龛左侧壁"□□王"题记

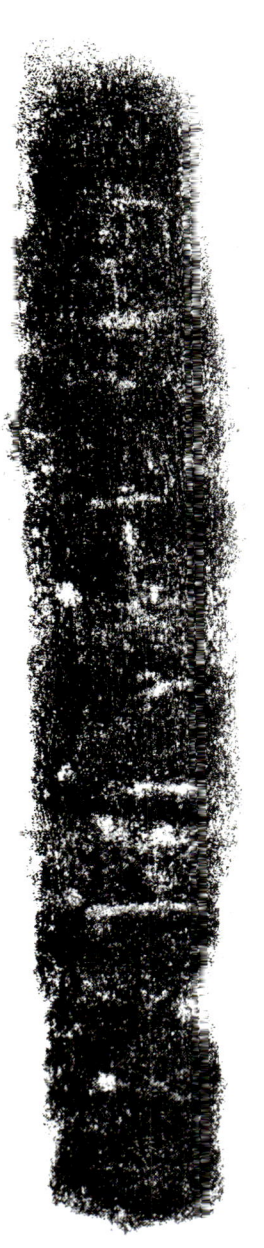

图版 15　第 253 号龛左侧壁"□□王"题记

01　　02　　03　　04　　05　　06

图版 16　第 253 号龛龛外左侧陈绍旬妆绘观音地藏龛镌记

01　　02　　03　　04　　05　　06

图版 16　第 253 号龛龛外左侧陈绍旬妆绘观音地藏龛镌记

Ⅱ 铭文图版　407

01

02

图版 17　第 253 号龛龛外左侧下方造像残记

图版 18　第 254 号龛 "延平判官" 题记

图版 18　第 254 号龛 "延平判官" 题记

图版 19　第 254 号龛 "□□判官" 题记

图版 19　第 254 号龛 "□□判官" 题记

图版 20　第 254 号龛"崔判官"题记

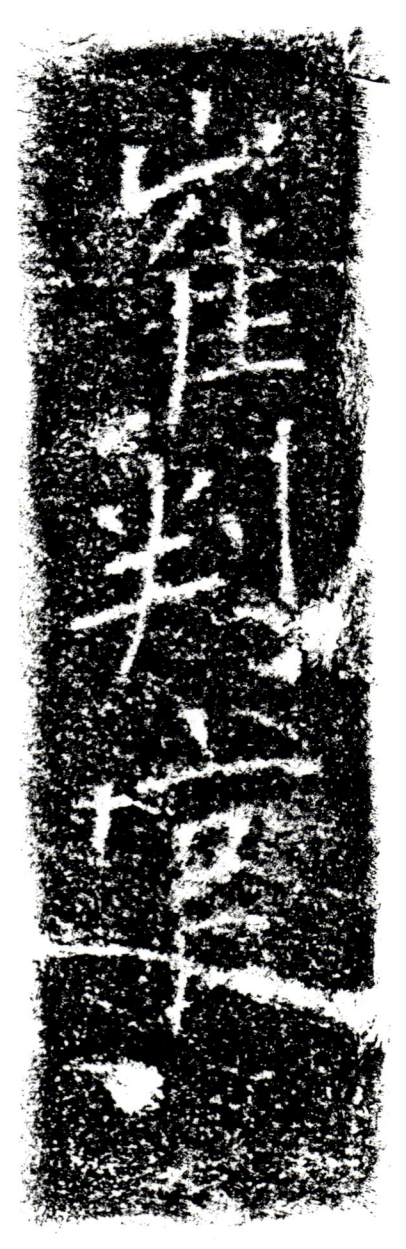

图版 20　第 254 号龛"崔判官"题记

图版 21　第 254 号龛"赵判官"题记

图版 21　第 254 号龛"赵判官"题记

图版22　第255号龛龛外左侧佚名造药师净土变相残记　　　　图版22　第255号龛龛外左侧佚名造药师净土变相残记

Ⅱ 铭文图版　411

图版 23　第 255 号龛龛外右侧解氏造像残记

图版23　第255号龛龛外右侧解氏造像残记

图版 24 第 260 号龛佛顶尊胜陀罗尼经

图版 24 第 260 号宠佛顶尊胜陀罗尼经

图版 25　第 269 号龛佛顶尊胜陀罗尼经

图版 25　第 269 号龛佛顶尊胜陀罗尼经

图版 26　第 271 号龛佛顶尊胜陀罗尼经

图版 26　第 271 号龛佛顶尊胜陀罗尼经

图版 27　第 279 号龛佛顶尊胜陀罗尼经

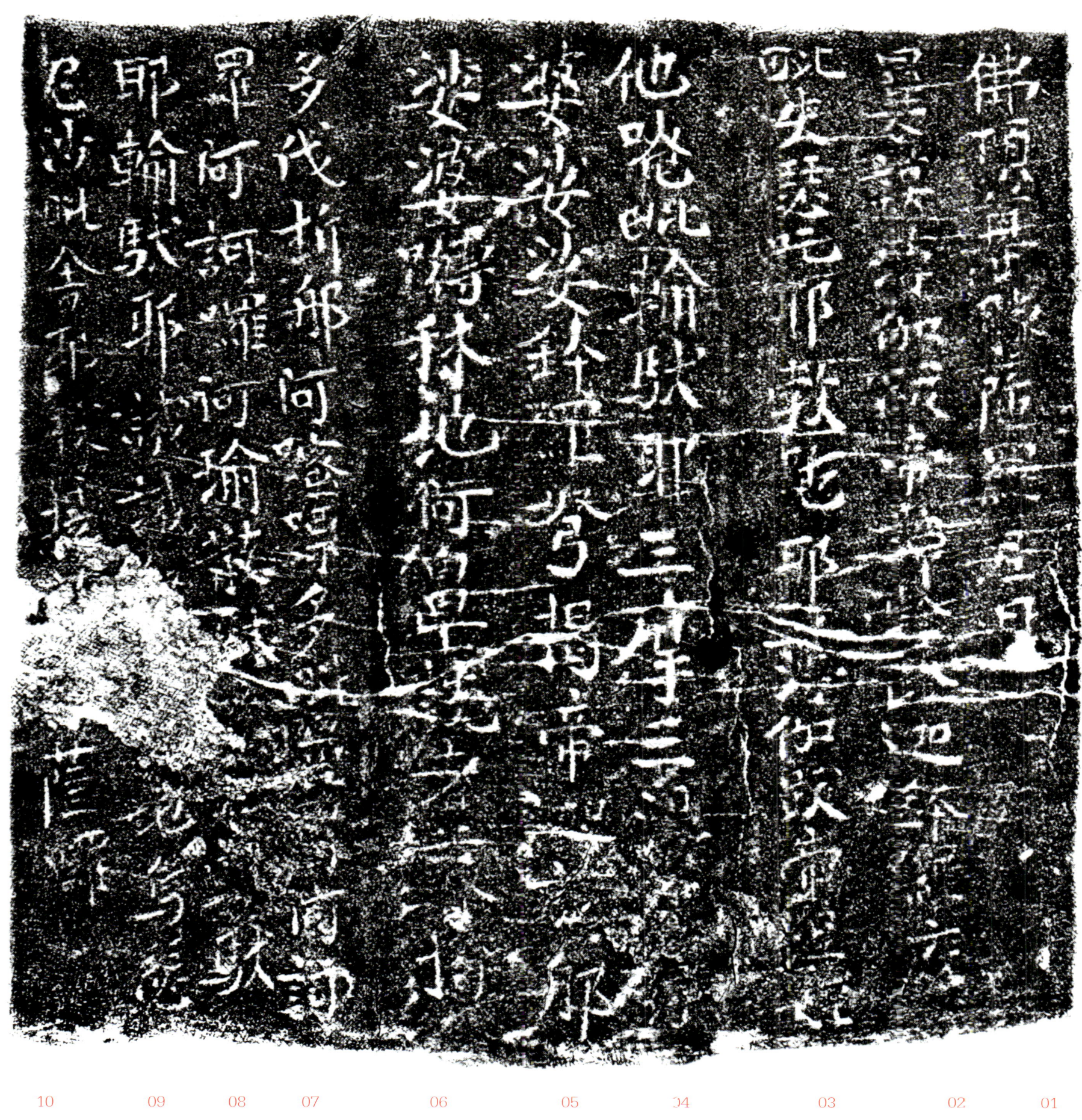

图版27　第279号龛佛顶尊胜陀罗尼经

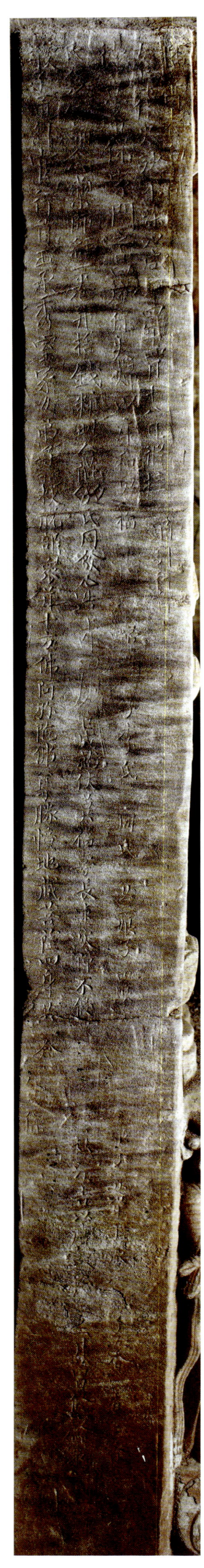

图版 28　第 279 号龛左、右内壁之间王承秀造药师变龛记

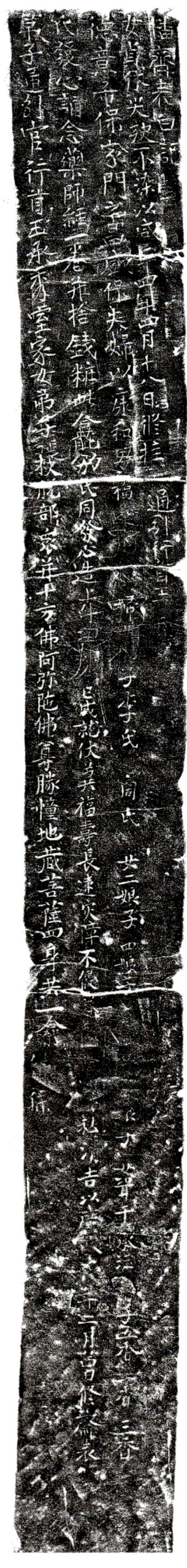

图版 28　第 279 号龛左、右内壁之间王承秀造药师变龛记

图版29　第279号龛右内龛下部解氏妆銮尊胜幢镌记

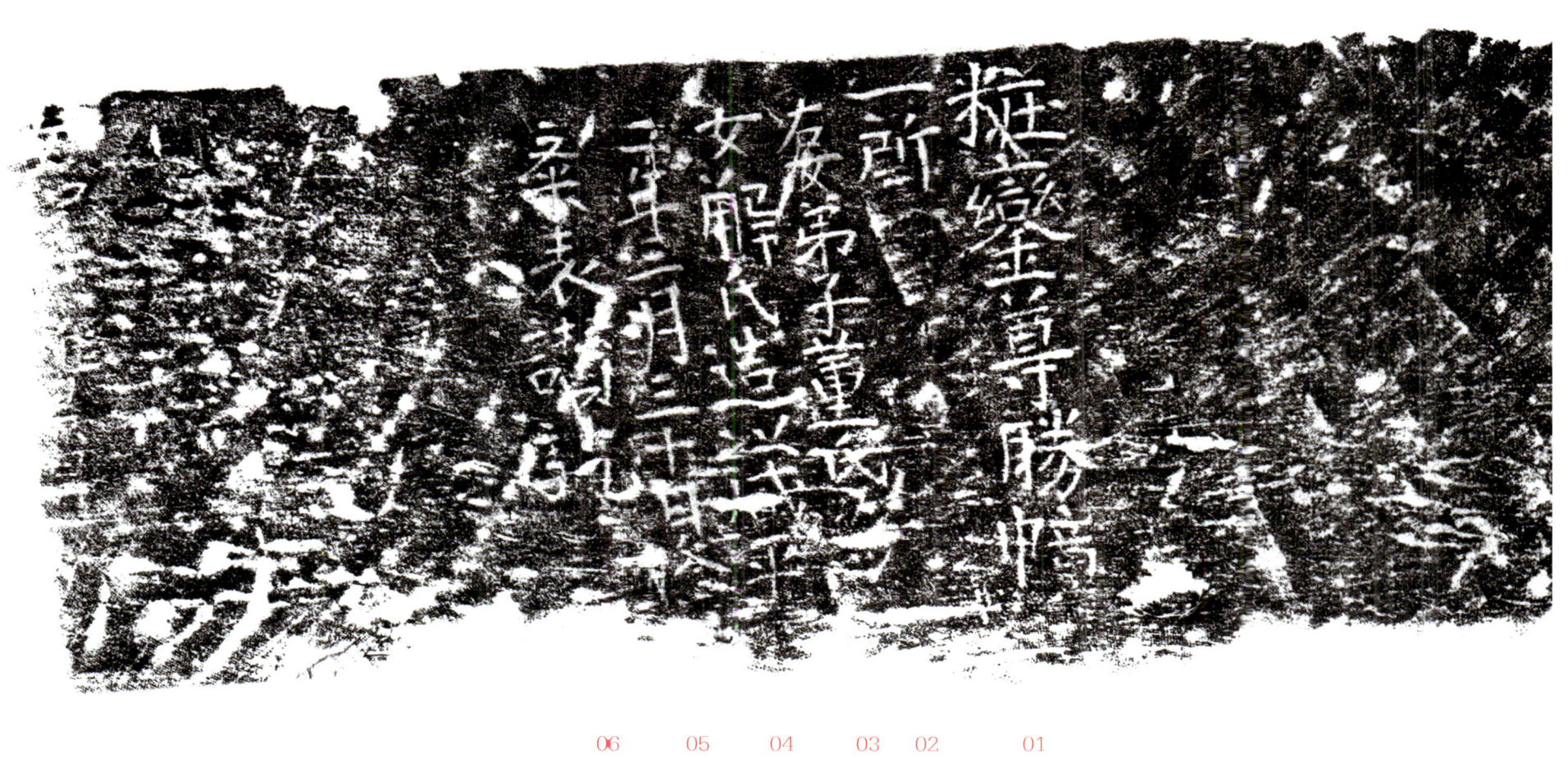

图版29　第279号龛右内龛下部解氏妆銮尊胜幢镌记

图版 30　第 280 号龛龛外左平整面佚名残镌记

图版30　第280号龛龛外左平整面佚名残镌记

图版 31　第 281 号龛左内龛佛顶尊胜陀罗尼经

图版 31　第 281 号龛左内龛佛顶尊胜陀罗尼经

图版 32　第 281 号龛右内龛左侧壁刘恭造药师经变龛镌记

图版 32　第 281 号龛右内龛左侧壁刘恭造药师经变龛镌记

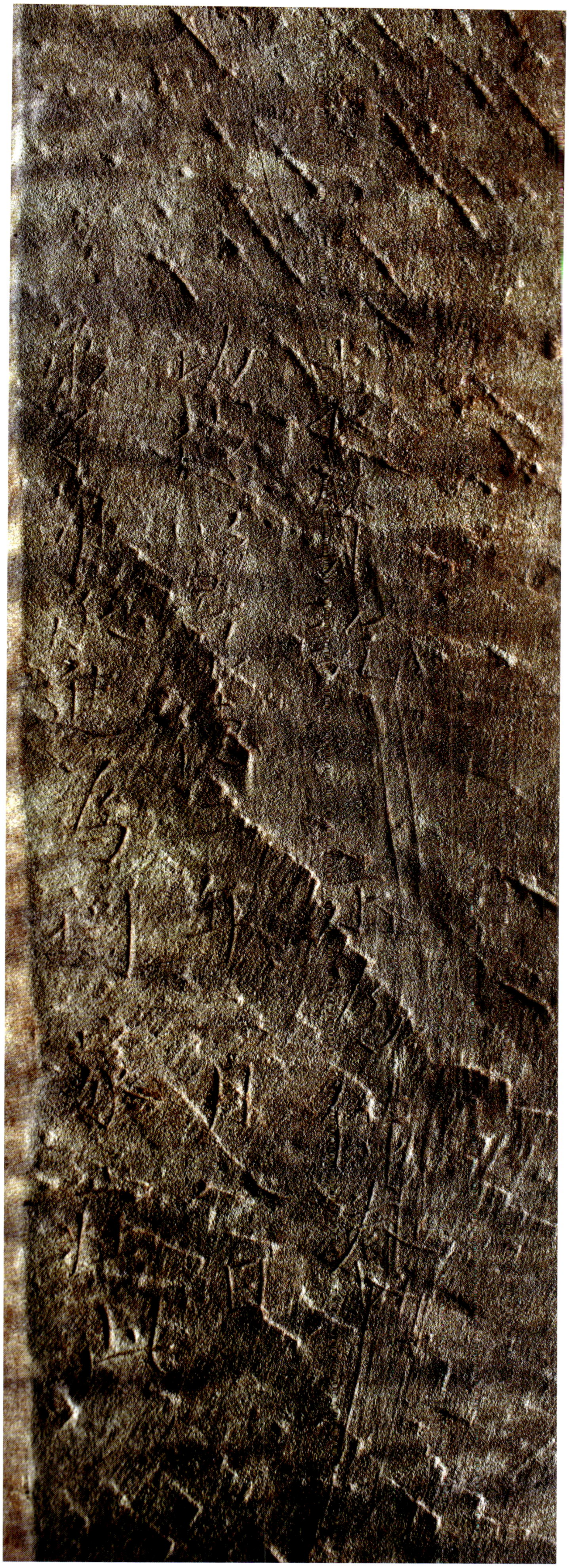

01　02　03

图版 33　第 281 号龛左内龛右侧壁胡承进妆绘药师经变龛镌记

01　02　03

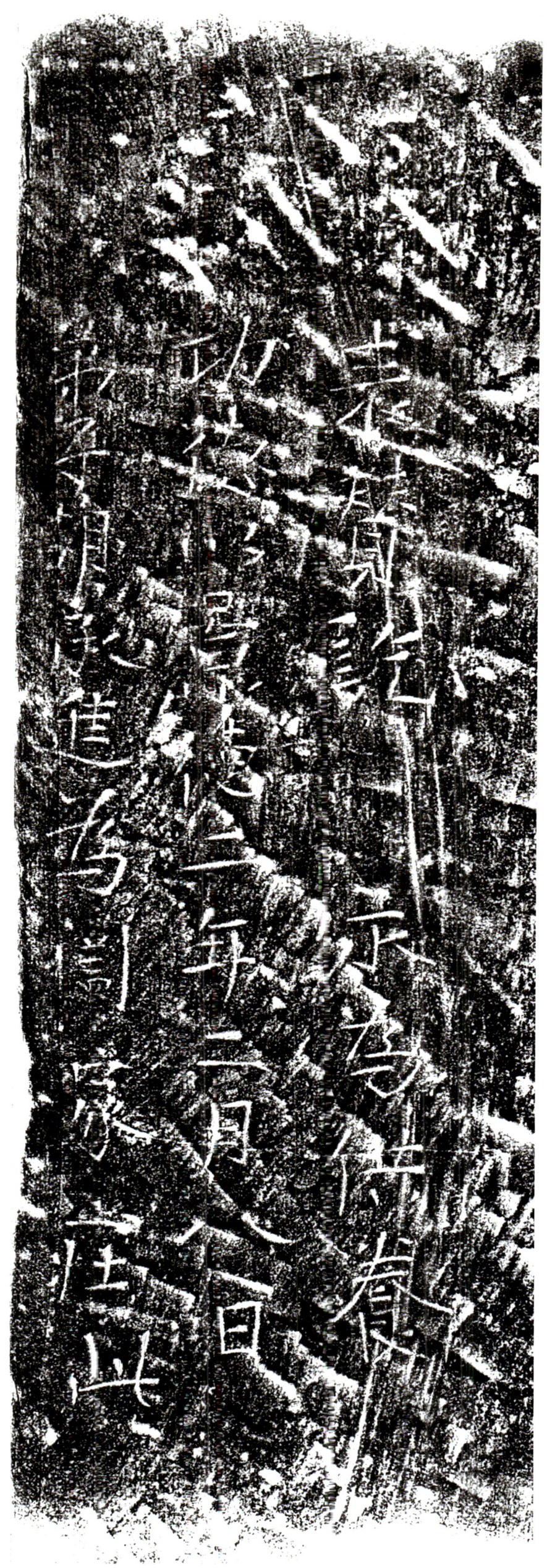

图版 33　第 281 号龛左内龛右侧壁胡承进妆绘药师经变龛镌记

图版 34　第 286 号龛佚名造观音龛镌记

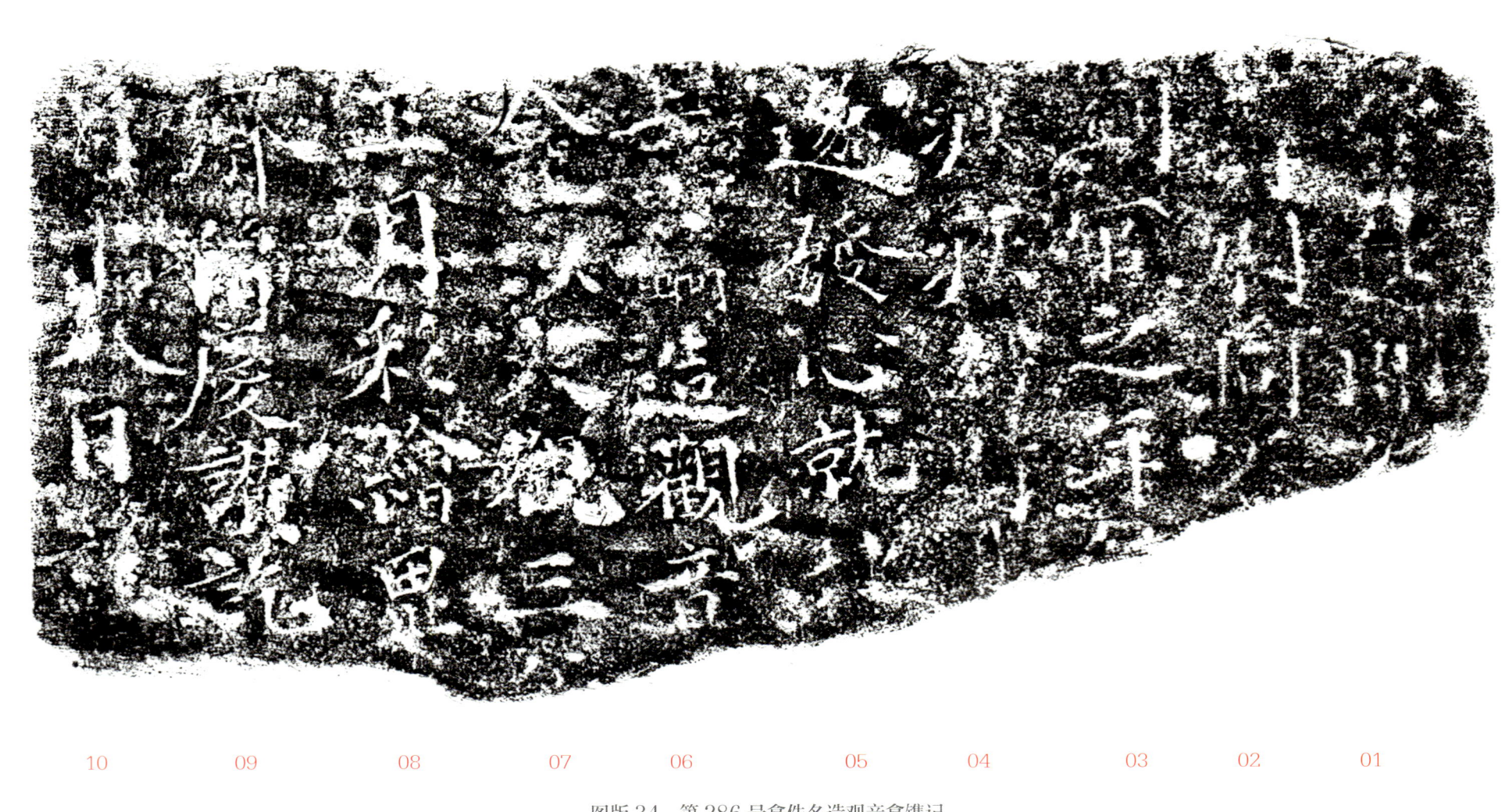

图版 34　第 286 号龛佚名造观音龛镌记

图版 35　第 287 号龛上方中部佚名残镌记

图版 35　第 287 号龛上方中部佚名残镌记

图版 36 第 288 号龛口上方 "大明蜀总制林公之像" 题刻

图版 36 第 288 号龛口上方 "大明蜀总制林公之像" 题刻

图版37　第288号龛口右侧上方马道者造阿弥陀佛龛镌记

图版37　第288号龛口右侧上方马道者造阿弥陀佛龛镌记

Ⅱ 铭文图版　433

图版 38　第 288 号龛右侧壁浅龛左沿李季升题刻

图版 38　第 288 号龛右侧壁浅龛左沿李季升题刻

图版 39　第 288 号龛右侧壁浅龛石沿"季立父"题刻

图版 39　第 288 号龛右侧壁浅龛石沿"季立父"题刻

Ⅱ 铭文图版　435

01　　02
图版 40　第 289 号龛龛外左吕元锡等游北山题记

01　　02
图版 40　第 289 号龛龛外左吕元锡等游北山题记

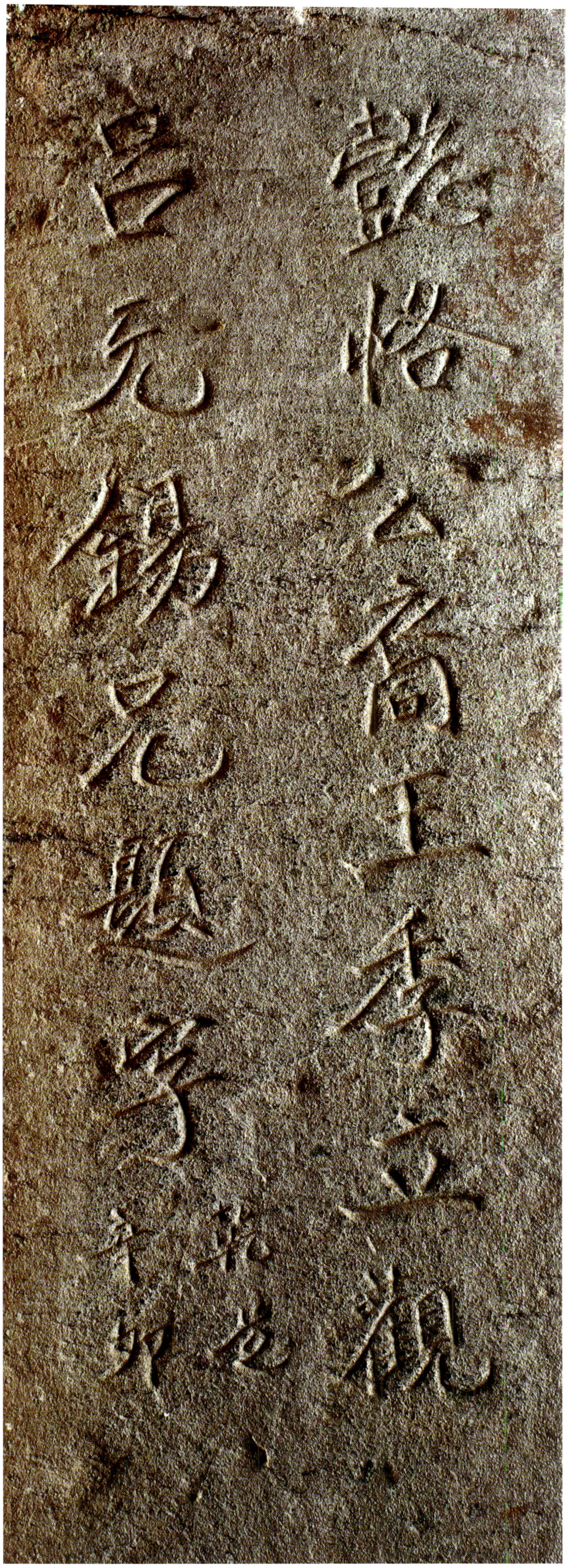

懿悋公裔王季立觀呂元錫題 乾隆辛卯

图版41 第289号龛左侧壁王季立观吕元锡字题记

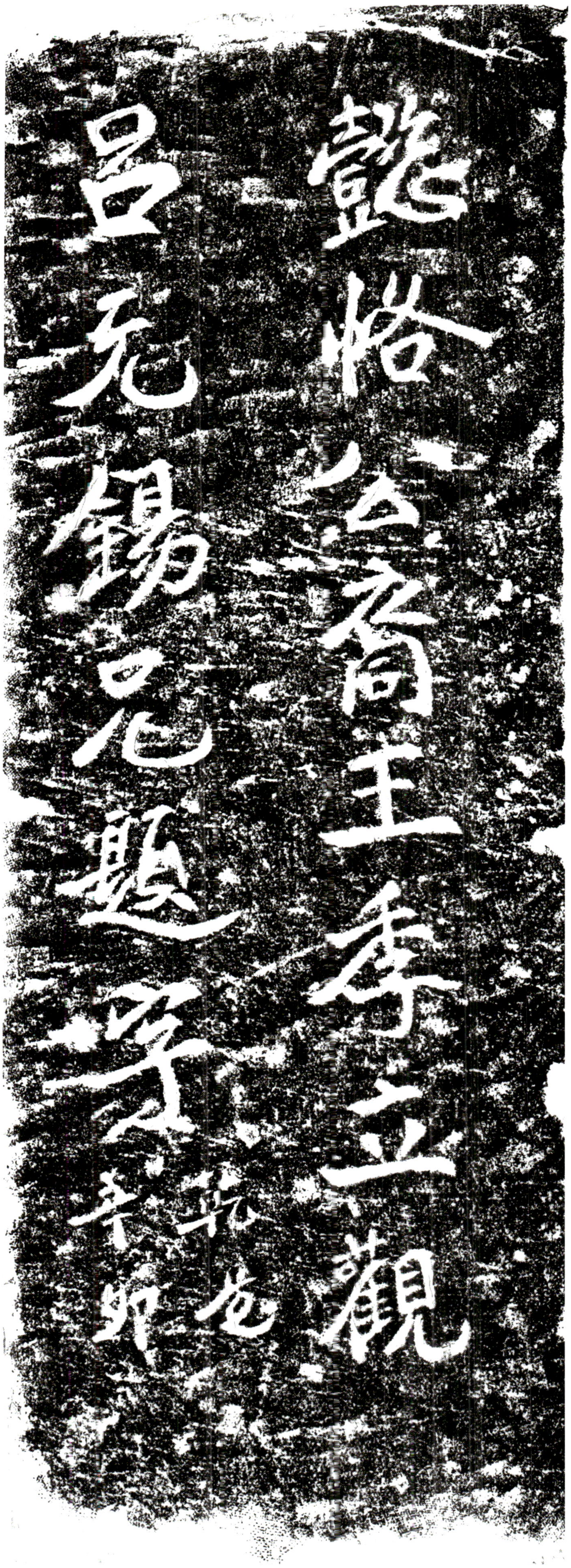

图版 42　第 290 号范府书林俊诗并跋

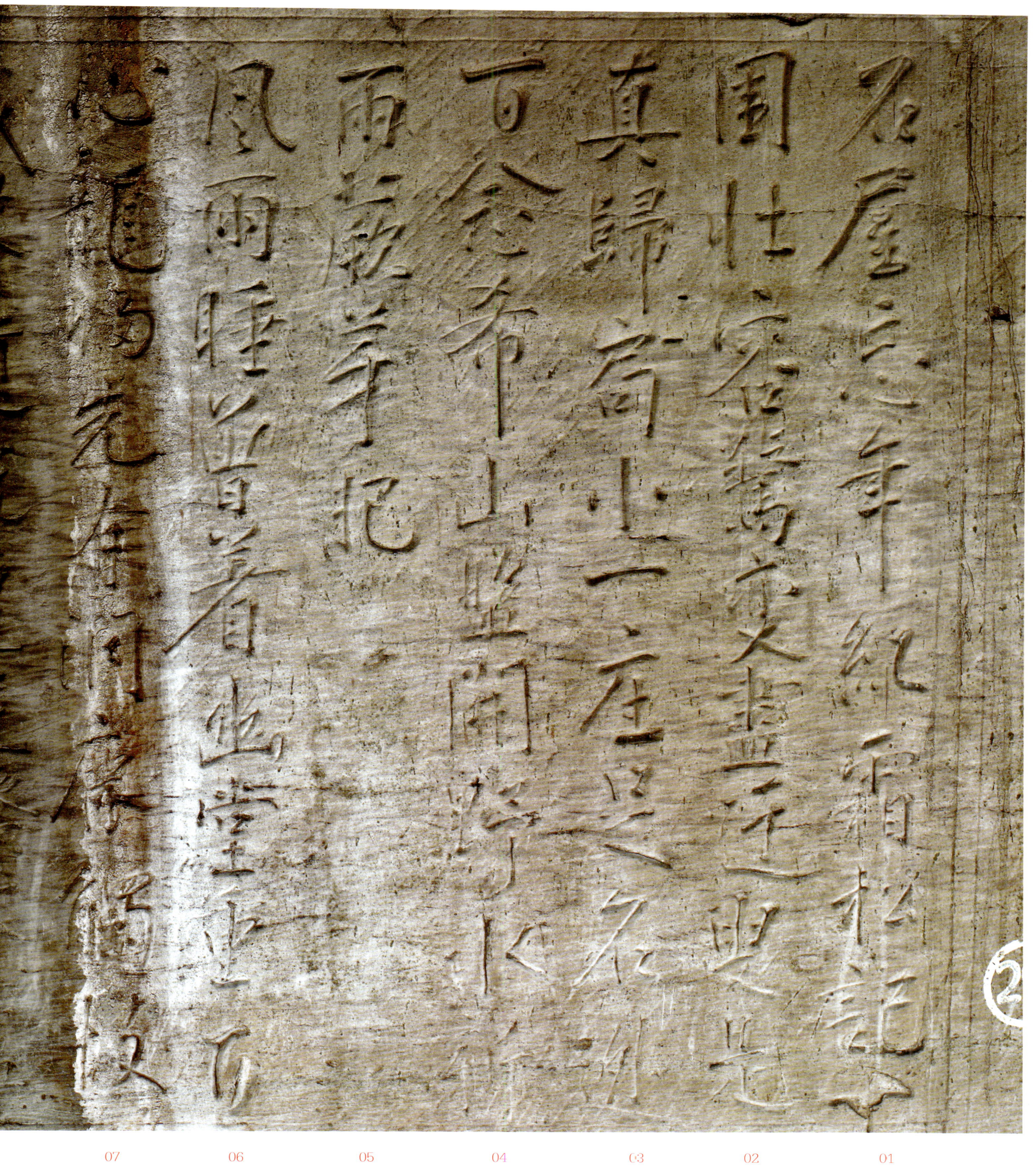

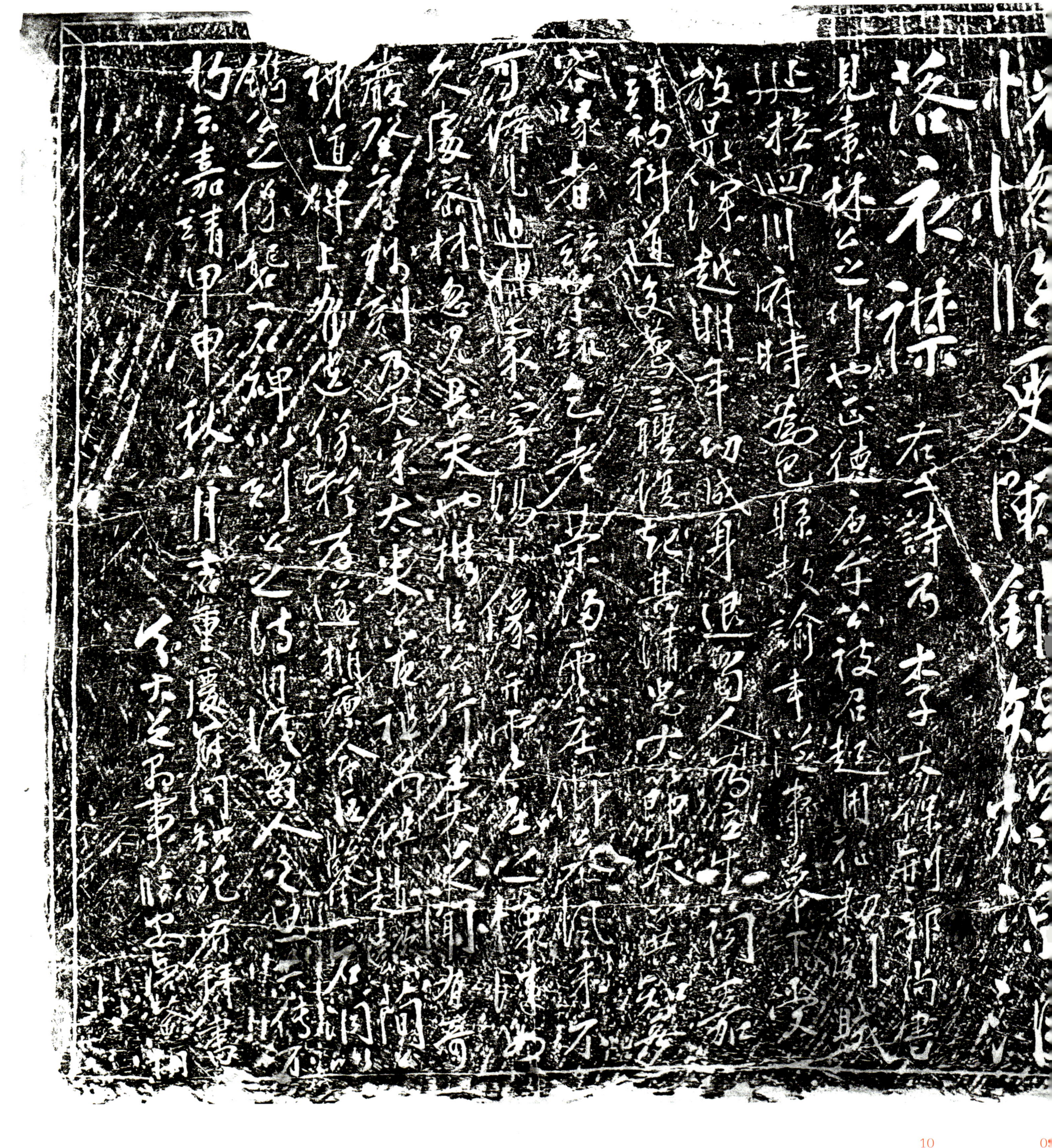

图版 42　第 290 号范府书林俊诗并跋

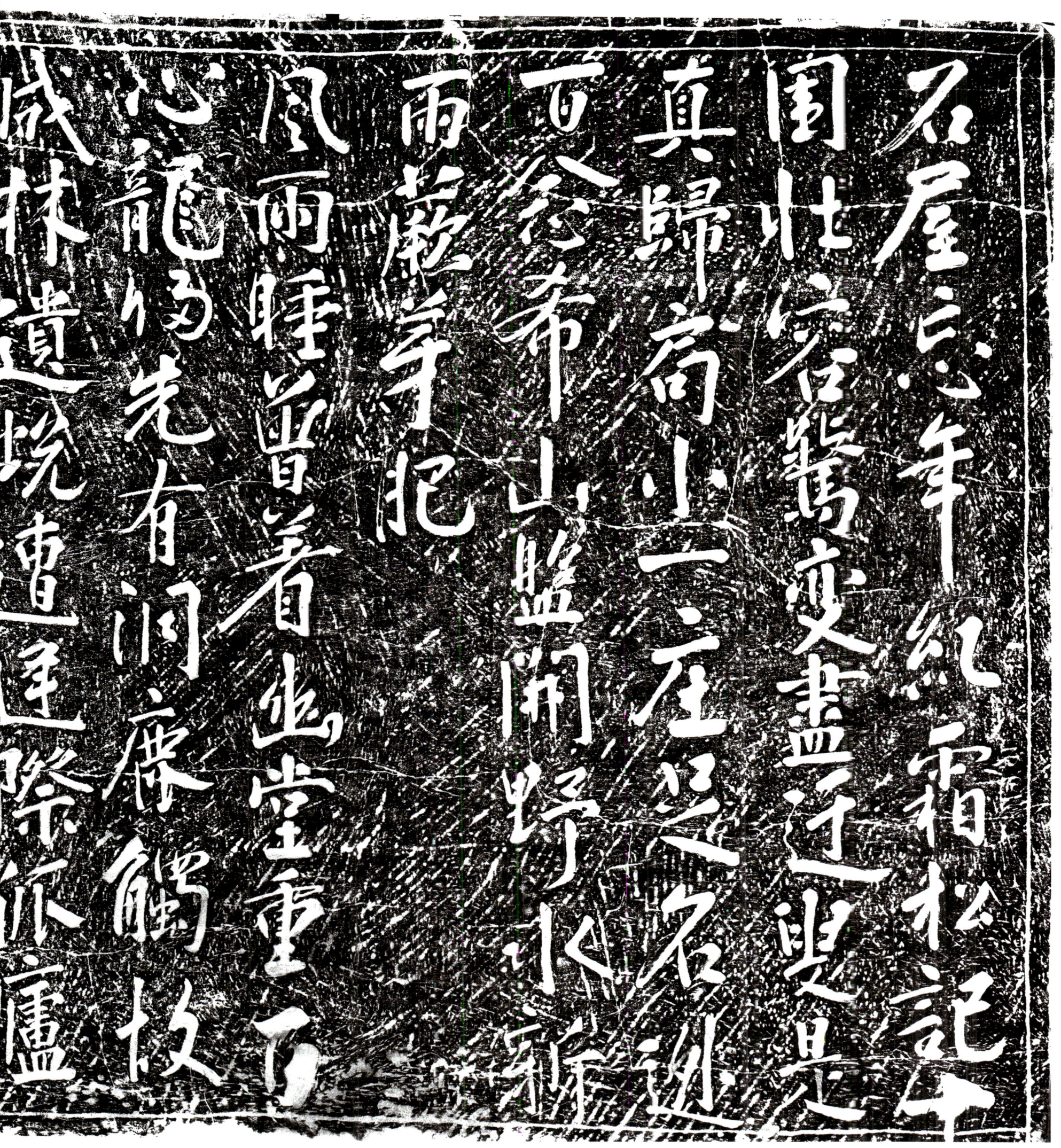

石屋忘年紀霜松記
圍此容鵰變盡迂還
真歸尚小一莊怒名迹
頁念希山監開野
雨蕨宇把
風雨睡晋者坐堂重了
沁龍歸先有洞鹿鶻故
感林遺垸曹達祭水廬

图书在版编目（CIP）数据

北山佛湾石窟第193—290号考古报告.下册/黎方银主编；大足石刻研究院编.—重庆：重庆出版社，2017.11

（大足石刻全集.第三卷）

ISBN 978-7-229-12683-4

Ⅰ.①北… Ⅱ.①黎…②大… Ⅲ.①大足石窟－考古发掘－发掘报告
Ⅳ.①K879.275

中国版本图书馆CIP数据核字(2017)第228166号

北山佛湾石窟第193—290号考古报告　下册
BEISHAN FOWAN SHIKU DI 193-290 HAO KAOGU BAOGAO XIACE

黎方银　主编　　大足石刻研究院　编

总 策 划：郭　宜　　黎方银
责任编辑：廖建明　　夏　添
美术编辑：郑文武　　夏　添　　周　瑜　　吕文成　　王　远
责任校对：何建云
装帧设计：胡靳一　　郑文武
排　　版：何　璐

重庆出版集团
重庆出版社　出版

重庆市南岸区南滨路162号1幢　邮政编码：400061　http://www.cqph.com
重庆新金雅迪艺术印刷有限公司印制
重庆出版集团图书发行有限公司发行
E-MAIL:fxchu@cqph.com　邮购电话：023-61520646
全国新华书店经销

开本：889mm×1194mm　1/8　印张：57.5
2017年11月第1版　2017年11月第1次印刷
ISBN 978-7-229-12683-4
定价：2000.00元

如有印装质量问题，请向本集团图书发行有限公司调换：023-61520678

版权所有　侵权必究